어떻게? 글쓰기
이렇게! 글쓰기 교육

어떻게 글쓰기
이렇게 글쓰기 교육

펴 낸 날/ 초판1쇄 2019년 12월 14일
지 은 이/ 세종글쓰기교육연구회
        (전기현 유성열 손균욱 정유숙 윤나라)

펴 낸 곳/ 도서출판 기역
펴 낸 이/ 이대건
편   집/ 책마을해리

출판등록/ 2010년 8월 2일(제313-2010-236)
주   소/ 전북 고창군 해리면 월봉성산길 88 책마을해리
        서울 서대문구 북아현로 16길7 2층
문   의/ (대표전화)02-3144-8665, (전송)070-4209-1709

ⓒ 전기현 외, 도서출판 기역, 2019

ISBN 979-11-85057-76-7 03370

이 도서의 국립중앙도서관 출판예정도서목록(CIP)은 서지정보유통지원시스템 홈페이지(http://seoji.nl.go.kr)와
국가자료종합목록 구축시스템(http://kolis-net.nl.go.kr)에서 이용하실 수 있습니다. (CIP제어번호: CIP2019048254)

어떻게 글쓰기
이렇게 글쓰기 교육

세종글쓰기교육연구회

(전기현 유성열 손균욱 정유숙 윤나라)

ㄱ

아이들과 함께 하는 삶은
그 자체로 행복이다

'글쓰기 교육'은 우리 아이들의 삶을 보다 가까이 살펴보고 소중하게 여기는 마음으로부터 시작된다고 할 수 있다. 교육과정의 큰 물줄기가 방향을 잃지 않는 교실에서 아이들의 삶을 솔직하게 담는 글쓰기 교육은 그야말로 의미 있는 교육이자, 가슴 벅찬 교육일 것이다.

보다 나은 학급살이를 만들고 이를 함께 나누는 글쓰기 교육의 실천은 많은 선생님들이 갖고 있는 바람이라고 할 수 있다. 세종글쓰기교육연구회 역시 글쓰기를 진심으로 즐기고 기쁜 마음으로 함께 나누는 교실문화를 만들어가고자 하는 마음으로부터 시작되었다.

글쓰기 교육이 교육과정, 학급운영과 유리되지 않고 아이들의 삶 속에 자연스럽게 녹여지게 하려면 어떻게 해야 할까? 이 고민에 대한 해답을 찾기 위한 과정이 우리들의 주된 노력이자 활동이었다. 초등 교육과정과 접목한 글쓰기 교육, 학급경영과 연계한 교실 속 글쓰기 교육, 바람직한 교실 내 국어문화를 이끄는 글쓰기 교육, 진솔하고 원활한 소통의 도구로서의 글쓰기 교육 등 우리가 지향하는 글쓰기 교육의 모습은 다채로운 가운데서도 모두 하나로 이어지고 있었다.

글쓰기 교육 연구를 시작하며, 글쓰기 교육과 함께 학급경영을 하고자 하는 새내기 교사의 마음으로 되돌아가 보았다. 여러 시행착오를 겪으면서도 아이들을 위한 마음으로 보다 실제적인 글쓰기 교육에 도전하는 교사의 시각으로서 글쓰기 교육 연구에 임하였다. 학급경영으로부터 교과지도, 학급신문, 학급문집까지 하나의 줄기로서 이어지는 행복한 교실을 위한 글쓰기 교육이 유기적으로 이루어지도록 부족하나마 많은 고민과 노력들을 쌓아 갔다.

이 책이 아이들이 자신의 생각을 자유롭게 표현하고 소통하며, 바른 심성과 지성을 함양하는 데 조금이라도 기여할 수 있다면 더없이 좋을 것이다. 또한 아이들이 그들 자신의 삶을 소중히 여길 수 있는 마음을 지니도록 돕는다면 더욱 기쁠 것이다. 아무쪼록 여러 선생님들이 글쓰기 교육을 통해 아이들과 서로 생각과 마음을 나누고 바람직한 학급문화를 만들어 나가며, 함께 성장할 수 있길 간절히 바란다. 그 부분에 이 책이 아주 조금이라도 보탬이 된다면 더없는 영광일 것이다.

여러모로 바쁜 와중에서도 퇴근 시간 이후까지 시간을 내어 연구와 집필에 임한 우리 선생님들에게 격려와 감사의 박수를 보내고 싶다. 글쓰기 교육의 발전을 위해 끊임없이 노력해 온 모습에 큰 고마움을 느끼는 바이다.

끝으로 이 책이 세상에 나오는 데 큰 도움을 주신 세종특별자치시교육청 최교진 교육감님, 신명희 유초등교육과장님, 최수형 장학사님, 도서출판 기역 이대건 대표님과 보이지 않는 곳에서 묵묵히 출간작업에 기여해 주신 모든 분들께 다시 한 번 깊은 고마움과 감사의 말씀을 전하고 싶다.

2019년 12월 글쓴이 일동

| 차례 |

1장

글쓰기 교육이란?

글쓰기 교육의 목적과 가치

1) 요즘 시대에 글쓰기 교육이란

바야흐로 스마트시대다. 대부분의 연령층에서 인터넷 기반 정보 검색을 하는 데 무리가 없다고 한다. 어린 아이들부터 노년층의 어른들까지 스마트폰 하나면 누구나 어렵지 않게 원하는 정보에 접근할 수 있다. 그러나 이때 정보를 검색하는 방법에는 세대를 가르는 큰 차이가 있다. 바로 이용하는 플랫폼의 차이다. 기존의 네이버나 구글과 같은 포털사이트를 사용하는 기성세대에 비해 젊은 세대는 유튜브처럼 동영상 플랫폼을 검색 기반으로 사용한다고 한다. 정보를 얻는 일이 더 이상 '읽기'가 아닌 '보기'를 통해 이루어지는 것이다.

누구나 서로를 대면할 수 있는 상황에서는 말하고 듣는 입말의 방식을 선호한다. 그러다 화법으로 해결할 수 없는 시간과 거리의 문제를 극복하기 위해 기록이 활용되었다. 글말살이의 큰 가치는 기록과 보존이 그 핵심이다. 무언가를 남기려면 써야 했고, 남겨진 것을 이해하려면 읽어야 했다. 그러나 매체와 기술의 발달로 지금은 그러한 작업이 말하고 듣고 보여주는 방식으로 가능해졌다. 정보의 습득은 물론, 읽고 쓰기를 통해 이루어지던 상호 교류의 방식에도 큰 전환이 생긴 셈이다. 우리가 글을 쓴다는 일은 어쨌든, 그 최초의 혹은 유일한 독자가 자신일지라도 독자를 상정하고 행하는 의미작업이다. 글쓰기 작업의 교류가 필연적으로 읽기의 방식으로 이어지기 때문에 글쓰기 교육은 읽기와 떼어서 생각할 수 없는 것이다.

그렇다면, 변화하는 현대사회에서 읽고 쓴다는 것은 어떤 의미와 가치를 지닌 걸까.

먼저 읽기에 관해 고찰해 보자. 독서교육에서는 글을 읽는 방식과 그림을 읽는 방식이 크게 다르다고 한다. 우리가 글을 읽는 것은 문장을 따라 읽어나가는 선형적인 방식인 반면, 그림이나 영상을 보는 사고방식은 퍼즐을 맞추는 방식이다. 작가가 만들어 놓은 설계를 잘 따라가면서 전체를 이해하는 방식과 영상에 담긴 낯선 것을 잘 발견하는 힘은 아무래도 차이가 있다. 의미 이해와 창출을 위해서는 둘 다 중요한 기능이다. 텍스트는 물론 지금 세상에서는 시각적 이미지를 읽지 않고 살 수 있는 방법이 없다. 영상뿐 아니라, 인포그래픽, 이모티콘, 프레젠테이션 등 시각적으로 말하기 방식이 한층 중요해진 시대이다. 서로 다른 사고를 촉진하기 때문에 되레 한 가지 방식에만 익숙해지는 것을 경계해야 할 것이다.

이제 디지털과 영상 세대 아이들에게 있어 글쓰기가 갖는 힘을 살펴보자. 요즘 아이들의 일상은 단편적인 전자말로 가득하다. 전자말의 행보를 좀 더 들여다보자면 제한된 글자 수 안에 메시지를 최대한 담기 위해 줄임말이 늘더니, 이제는 SNS에 쓰이는 짧은 글마저도 점점 사진과 해시태그 방식으로 대체되어 가고 있다. 이런 흐름에서 글쓰기가 여전히 의미있는 일일까.

단순히 기록과 보존이 가능하다는 자료적 가치를 넘어 글쓰기는 사고의 영역에서 그간 우대되어 왔다. 글은 단순히 흩어지는 말소리를 잡아두기 위한 기호체계가 아니다. 되레 말로 할 수 없는 것들을 가능하게 하는 역할을 한다. 생각을 정리해내고 사유를 창출해내는 작업이 쓰기를 통해 비로소 가능하다는 여러 설명은 여전히 오래도록 글쓰기의 중요성을 뒷받침하고 있다.

요컨대, 말하기와 보여주기를 위한 영상 매체의 발달이 텍스트 시대의 종언을 의미하는 것은 아니다. 그보다는 자기표현과 소통을 위한 매체선택권이 다양해진 것으로 이해해야 하겠다. 오히려 e-book 형태의 전자매체를 활용한 글읽기가 새로운 출판시장의 한 축을 담당하고 있다. 도서관과 서점가는 여전히 글을 써내고 책을 읽는 사람들로 붐빈다. 무엇보다 영상을 사용하게 된다는 것은 단순히 그것을 소비하는 것이 아니라, 영상을 읽고 쓴다는 의미이다. 따라서 글쓰기가 자극하는 사고와 삶의 태도는 여전히 중요하고 유효하다. 오히려 이러한 매체의 발달이 1인 출판이나 블로거 등 일상 글쓰기를 누리는 사람을 늘어나게 했다는 점을 의미있게 바라봐야 한다.

세상이 변하고 사람의 생활방식을 바꾸는 다양한 기술이 혁신되어도 글쓰기가 지닌 본질은 변하지 않는다. 글쓰기는 요즘 시대에도 여전히 나를 드러내고 타자와 만나게 하는 매력적인 방법이다.

2) 글쓰기 교육을 왜 하려고 하는가?

현행 초등교육과정 국어과에서는 쓰기의 본질을 '쓰기 과정에서의 문제를 해결하며 의미를 구성하고 사회적으로 소통하는 행위'라고 내세운다.

그러나 비단 글쓰기 교육은 국어 교과 시간에 한하는 것이 아니다. 글쓰기는 국어과의 한 갈래가 아니라 모든 교과와 삶으로 이어진다. 그러니 국어 시간에 그칠 일은 아니다. 글쓰기 교육은 아이들이 자기를 마주하고 진솔한 글을 쓰는 것에 그 뜻을 둬야 한다. 자기 눈으로 자기 삶과 마음을 들여다보고 바로 세워서 건강하게 살도록 하는 것이다. 따라서 아이들이 지내는 모든 장면과 배움에서 글쓰기는 가능하다.

글쓰기 교육은 글을 잘 쓰기 위한 것이 아니라 아이들이 잘 살게 하는 것이 목적이다. 글쓰기 교육의 궁극적인 목표가 수려한 문장가와 사상가를 만드는 것이 아니라는 말이다. 자기 삶을 바르게 바라보고 살아있는 글을 쓸 때 좋은 글이라고 할 수 있다. 나를 세우고 살리는 힘, 일상을 잘 살게 하는 힘, 글쓰기 교육의 과녁은 그것과 다름이 없다.

우리 교육의 큰 스승 이오덕 선생은 그 뜻을 일찍이 이렇게 밝혔다.

우리가 하고 있는 글쓰기 교육은 아이들에게 자기의 삶을 바로 보고 정직하게 쓰는 가운데서 사람다운 마음을 가지게 하고, 생각을 깊게 하고, 바르게 살아가도록 하는 교육이다. 이것을 우리는 '삶을 가꾸는 글쓰기 교육'이라고 말한다.

우리가 하는 교육의 목표는 아이들을 바르게, 건강하게 키워 가는 데 있다. 아이들을 참된 인간으로 길러 가는 데에 글쓰기가 가장 훌륭한 방법이 된다고 믿는다. 우리는 어떤 모범적인 글, 완전한 글을 얻으려고 아이들을 지도하지 않는다. 글을 쓰기 이전에 살아가는 길부터 찾게 한다. 그래서 쓸거리를 찾고, 구상을 하고, 글을 다듬고 고치고, 감상하고 비평하는 가운데 세상을 보는 눈을 넓히고, 남을 이해하고, 참과 거짓을 구별하고, 진실이 무엇인가를 깨닫고, 무엇이 가치가 있는가를 알고, 살아 있는 말을 쓰는 태도를 익히게 한다.

이것이 삶을 가꾸는 글쓰기다.

　손으로 쓰던 글씨를 자판으로 대신하고, 지면으로 읽던 글을 화면을 읽듯 도구의 변화는 계속되겠지만 글쓰기에는 시대를 초월하여 지니는 가치가 있다. 돌볼 자신과 주변, 그에 필요한 눈과 마음을 지니는 것. 결국 사람이 살아가기 위한 큰 힘은 글쓰기를 통해서 가장 확실히 배울 수 있는 것이다.

글짓기와 글쓰기의 차이는?

1) 쓰는 것과 짓는 것

말은 자신을 드러내는 가장 쉽고 빠른 방법이다. 그 중 하고 싶은 말을 가려 글자로 적어 보이는 것이 글이다. 하여 글쓰기의 고갱이는 하고자 하는 말을 본 대로 들은 대로 느낀 대로 생각한 대로 정직하게 보여주는 것에 있다.

그간 학교가 올바른 글쓰기 방법을 가르치지 못하고 백일장, 문예대회 등 문예에 재능이 있는 소수 학생을 중심으로 한 '짓기' 교육에 힘썼던 것에 대한 반성이 있었다. 이런 흐름에서 교육 현장의 교사들이 모여 1983년 한국글쓰기 교육연구회가 생겨났고, 5차 교육과정부터는 쓰기 교과서가 나왔다. 7차 교육과정에서는 모든 갈래 글을 '짓기'가 아니라 '쓰기' 용어를 바꾸었다.

학교에서 일기쓰기 지도나 작문 교육이 좀처럼 아이들의 생각을 솔직하고 정확하게 쓰도록 이루어지지 않고, 좋은 글을 흉내 내고 꾸며 써야 하는 것처럼 다루어지면서 글쓰기 교육은 종종 방향을 잃는다. 좀 더 면밀히 들여다보자면 교실에서 쓰기란 교과서에 제시된 바탕 위에서 글을 완성하는 형태로 이루어지거나 과제로 내어주는 일기쓰기, 각종 계기교육과 관련한 문예행사로만 존재해왔다. 마음이 움직여 쓰고 싶은 글을 써내기보다는 주어진 주제 아래 지어내는 형편이다 보니 글쓰기 아닌 글짓기로 자리잡게 되었던 것이다. 머릿속 이야기를 지어내지 말고 자기 삶을 쓰게 하라, 그래서 지은이가 아니라 글쓴이여야 한다.

한편 일찍이 조선의 이름난 문장가였던 연암 박지원은 글을 '지으라' 전한다.

> 그대가 사마천의 사기를 읽었다 하나 그 글만 읽었지 그 마음을 읽지 못했습니다. 왜냐고요? '항우본기'를 읽을 땐 제후의 군대가 성벽 위에서 초나라 군대의 싸움을 구경하던 장면을 떠올리거나 '자객열전'을 읽을 땐 고점리가 축을 연주하던 장면을 떠올리라니 말입니다. 이런 것들은 늙은 서생의 진부한 말입니다. 또한 살강 밑에서 숟가락 줍는 것과 뭐가 다르겠습니까?
>
> 어린아이가 나비 잡는 것을 보면 사마천의 마음을 얻을 수 있습니다. 앞다리를 반쯤 꿇고, 뒷다리는 비스듬히 발돋움하여 손가락을 집게 모양으로 해서 다가갑니다. 잡을까 말까 망설이는 순간 나비는 날아가고 맙니다. 사방을 둘러보니 아무도 없기에 겸연쩍어 씩 웃다가 부끄럽기도 하고 속상하기도 합니다. 이것이 사마천이 『사기』를 저술할 때의 마음입니다.
>
> ― 「사마천과 나비잡는 아이」, 『연암집』 중

연암은 글을 읽는 태도를 이야기하지만 한편으로는 글 쓰는 이의 마음에 대해서도 말하고 있다. 글을 쓴다는 것은 이루지 못한 아프고 속상한

마음을 형상화하는 행위다.[1]

박지원은 사마천의 글에서 문심(文心)의 중요함을 깨달았다. '해하성 싸움'[2]이나 '고점리의 축(筑)[3] 연주'는 문자로 묘사된 것, 즉 글의 문면(文面)에 불과하다. 보이는 이미지를 넘어서 글을 쓰는 마음, 문심(文心)을 헤아릴 수 있어야 한다. 정성을 다해 잡으려 하지만 날아가 버린 나비, 그 마음을 읽는다는 것은 뭘까.

결국 연암 역시 글짓기의 목적이 도덕과 인륜이 아니라 뜻을 펴지 못한 사람의 마음을 드러내는 데 있다고 본 것이다. 『사기』를 읽으며 친구를 변호했다는 이유로 궁형[4]을 당한 사마천의 울분을 읽으라는 것이다. 이른바 분한 일을 당하고 나서 그것을 글로써 풀어내는 것이다. 이것이 연암이 주장한 글 짓는 목적이다.[5]

박종채는 『과정록』에서 아버지 연암이 한 말을 전한다.

'남을 아프게 하지도 가렵게 하지도 못하고, 구절마다 범범하고 데면데면해서 우유부단하기만 하면 이런 글체를 어디다 쓰겠는가? (言不痛不句節汗漫優柔不斷 將焉用哉)"

---

1) 『연암 박지원의 글 짓는 법』, 박수밀, 돌베개, 2013
2) 춘추전국시대 진시황의 진나라가 망한 뒤 중원의 양대 세력으로 자웅을 겨룬 초나라 항우와 한나라 유방 간 벌인 마지막 전투. 이 전투에서 항우는 유방에게 패하고 만다.
3) 중국의 전통악기. 대나무 술대로 연주한다. 고대에는 널리 사용되던 악기였으나 송대 이후에는 더 이상 사용되지 않는다. 진시황을 살해하려던 형가의 친구인 고점리(高漸離)가 축의 명수였다고 전해진다. 고점리 역시 납을 채워넣은 축으로 진시황을 살해하려다 실패했다.
4) 중국 고전의 기록에 의하면, 사형(死刑)·궁형(宮刑)·월형(刖刑:발뒤꿈치를 자르는 형벌)·의형(劓刑:코를 베는 형벌)·경형(黥刑:얼굴·팔뚝 등의 살을 따고 홈을 내어 죄명을 찍어넣는 형벌)을 5형이라 하는데, 이 중에서 남녀의 생식기에 가하는 형벌로서, 남자는 생식기를 거세하고, 여자는 질을 폐쇄하여 자손의 생산을 전연 불가능하게 하였으므로, 사형에 버금가는 극형이었다.
5) 「글짓기와 글쓰기」, 정희진의 어떤 메모, 《한겨레신문》

결국 중요한 것은, 맺힌 마음을 글로써 푸는 것, 뜻을 쏟아내는 것, 뜻을 드러내는 것이다. 아프고 분한 마음을 형상화하는 것이다. 연암 역시 글쓰기의 참됨을 강조하고 있는데, 자기 목소리를 솔직하고 자연스럽게 내라는 것이다. 글쓰기 정신에 대한 논의를 하고 있다는 면에서 글을 짓든 쓰든 연암과 이오덕 선생이 전하는 이야기는 다르지 않다.

2) 글쓰기 교육을 위한 첫걸음, 교사 글쓰기

글쓰기 교육을 위한 시작으로 교사 글쓰기를 거론하는 것에 의문이 들 수도 있다. 그러나 어떤 글이 좋은 글인지 아닌지 알아보기 위해서는 교사가 먼저 아이들 글을 어떻게 바라봐야 하는지 고민이 있어야 한다. 또한 글쓰기 지도의 목표가 완성도 있는 글을 써내는 것이 아니라 글을 쓰는 과정에서 글감을 고르고 생각하고 비판하고 고쳐나가는 사이 마음과 속살을 키워나가는 것임을 분명히 해야 한다.

이러한 생각을 굳게 다지기 위해서는 교사가 먼저 이 과정과 흐름을 경험해 보는 것을 권하고 싶다. 교사 스스로 글쓰기를 해보며 그 가치와 정신을 체화해보는 것이 중요하기 때문이다. 그렇지 않고서야 아이들 글을 지도한다며 자칫, 글쓰기의 기능이나 표현에 머무르며 첨삭이나 수정에 매달리는 우를 범할지 모른다.

탁동철은 『하느님의 입김』(양철북, 2014)과 『아이는 혼자 울러 갔다』(양철북, 2012)에서 교사 글쓰기의 실천을 생생하게 보여준다. 그간의 교사 글쓰기 실천물이 아이들이 써내어 완성된 글과 그 글에 대한 교사의 해설, 혹은 글을 고쳐 쓰는 과정을 담아왔다면, 탁동철의 이야기는 조금 다르다. 아이들과 그가 만들어내는 상황에서 주고받는 말과 행동, 장면은 해설이나 설명 없이도 그대로 살아있는 교육이 된다. 그것을 붙잡아 정직하게 적어낸 기록이 주는 감동은 무척 크다. 글쓰기로 쌓아온 그의 마음과 아이들의 속살이 단단하고 건강하기 때문일 것이다.

대부분의 교사들은 아이들간, 혹은 교사와 아이 사이에 어떤 사건이나 문제가 생기면 적절한 대처 방법을 찾거나 문제를 해결하기 위해 접근한다. 그러나 탁동철은 일이 벌어지면 딛은 발자국을 멈추고 이야기가 고이도록 기다린다.

> "남보다 못하거나 느린 아이는 느리기 때문에 보는 게 있어요. 전깃줄 위 빗방울을 보고 개 밥 그릇에 빗물이 고이는 걸 보아요. 폭력성이 있거나 날카로운 아이는 순간적으로 무당개구리가 물에서 대가리를 얼마큼 내놓았는지를 또렷하게 보아요. 아이들마다 보는 힘이 달라요. 공평하죠. 다그친다고 나아지지 않아요. 사납고 느린 것도 개성으로 인정해주면 자기 자리를 찾아가요."

교실은 아이마다 실의 한 끝을 쥐고 자기 이야기 그물을 짜나가는 곳이라며 그게 무엇이든 붙잡고 시간을 들이면 깊어지고 넓어지고 아름다움이 깃드는 게 놀랍다고 말한다. 아이들 하나하나 자기 자리를 찾아가기 위해서는 보아주는 것, 인정하는 것이 먼저라고 한다. 한 사람의 말이 둘레를 움직이고 세상을 움직이는 성취를 보여주면 자기 자리를 마련할 수 있다. 자기 자리가 있으면, 그때부터 남의 자리를 인정해 줄 수 있다고 한다.

글쓰기 교육의 목적이 사람답게 잘 사는 것에 있다면, 교사 글쓰기의 목적은 교사로서의 삶을 잘 사는 것이다. 교사로서 삶을 잘 산다는 것은 아이들을 잘 이해하는 것일 테다. 아이들이 하는 말과 행동이 어떤 마음에서 비롯되었는지 가만히 들여다보며 아이들 하나하나를 떠올릴 수 있는 힘. 그러려면 아이들 이야기에 귀 기울이고, 스스로 생각하고 느끼도록 기다려 주어야 하고 서로 삶을 나누며 마음을 다해야 하기 마련이다.

우리가 좋은 교사가 되기 위해 갖추어야 하는 가장 중요한 동시에 또 너무도' 당연해서 종종 놓치게 되는 부분을 교사 글쓰기가 가능하게 해 준다. 교사로서 완성된 모습을 드러내고 훌륭한 언행을 글로 드러내는 것이 아니라, 아이들과의 만남 속에서 느끼는 부족함과 화남과 답답함을 솔직하게 드러낼 수 있는 것. 교사 글쓰기 역시 교사 글짓기를 넘어 서는 순간, 큰 전환을 맞을 것임은 당연하다. 좋은 글을 쓰기 위해서 잘 살아야 하고 그러다 보면 다시 좋은 글을 얻게 되는 것, 이런 선순환에 교사 글쓰기가 기여하는 힘은 몹시 크다.[6]

---

6) 이와 관련해서 다음의 책을 추천한다. 『사랑으로 매긴 성적표』, 이상석 지음, 양철북 펴냄(2010), 『아이들 삶에서 꽃이 핍니다』, 김강수 지음, 휴먼에듀 펴냄(2018), 『아이들 글읽기와 삶 읽기』, 박진환 지음, 우리교육 펴냄(2009)

아이들의 삶과 함께 살아 숨 쉬는 글쓰기

글쓰기 교육의 가장 큰 가치는 자기표현을 하게 하는 데 있다. 나다운 게 무엇인지 고민하는 아이들은 자기를 잃지 않는다. 자신을 표현하는 것은 아이들이 제 숨을 쉬는 일과 같다. 사람은 코와 입으로 숨을 쉬지만 마음의 숨은 곧 글이다. 아이들이 자기 삶을 이어가고 피어나게 하는 표현은 쓰고 싶은 것을 쓰게 하는 것으로 출발해야 한다. 그 과정에서 마음속에 참! 하고 울림이 있던 아이는 그 감동과 벅참이 삶 속에서도 역시 중요한 것임을 알게 된다.

누구나 글을 쓰고 나면 자신이 쓴 글을 다시 읽는다. 스스로 자기 글의 최초의 독자가 되는 과정인 셈이다. 이 과정은 자신의 글을, 혹은 스스로를 다른 눈으로 낯설게 바라보게 한다. 내 이야기를 다른 사람의 시선에서 바라보면서 다른 시각으로 나를 바라보게 되는 것이다. 내가 나를 보는 것 외에 나를 객관화해서 바라볼 수 있는 눈이 하나 더 있다는 것, 결국 글을 쓴다는 건 자기 성찰과 자기를 돌아보는 일로 이어진다.

더 나아가 내 글이 누군가에게 읽히는 경험은 글쓰기를 통해 다른 이와의 교류를 가능하게 한다. 자기 이야기를 꺼내고 자기 말을 하다 보면 다른 사람의 말을 들어주고 다른 이의 자리를 인정하게 된다. 내가 나를 객관화해서 보는 것만큼, 다른 사람을 나의 처지와 심정으로 들여다 볼 수 있게 되는 것, 글을 쓴다는 건 타자와 소통하고 나누는 일로 이어진다.

그러나 자기를 나타내기 위해 쓴다는 것이 글을 내보이기 위해 쓰는 것이 아님을 분명히 해야 한다. 글쓰기의 목적은 결과로서 작품을 완성하는 것이 아니라, 글쓰기의 과정에서 머뭇거리고, 고르고, 고쳐나가는 경험을 자기 삶으로 연결하기 위함이다. 무언가 잘못되고 있다는 것을 감지할 수 있는 감각, 이는 약자를 돌볼 때 가질 수 있는 마음이다. 찾아낸 잘못을 짐짓 모른 체하거나 마음 깊은 곳에만 두지 않고 글로 써내려고 하는 작심, 이는 감당해야 할 불편함과 두려움을 마주할 수 있는 용기다. 실수나 잘못을 인정하고 수정하려는 행동, 이는 지금에 머물지 않고 더 잘 살아보려는 의지이다. 글쓰기의 과정이 사는 방식과 모습에 영향을 주는 것이다.

한국글쓰기 교육연구회(이주영, 2009)에서는 이오덕 선생의 정신을 이어 삶을 가꾸는 글쓰기가 바라보는 방향을 아래와 같이 요약한다.

1) 생명을 살리는 교육 모든 생명은 억압이나 왜곡이 아니라 자유로운 자기표현을 통해서 살아난다. 따라서 모든 생명은 자기표현의 욕구가 강하다. 사람은 다른 어떤 동물보다도 자기표현 욕구가 강하다. 글을 이용한 자기표현은 사람만이 갖고 있는 방법으로 글쓰기는 사람을 사람답게 하는 중요한 한 방법이다.

2) 진실을 지키는 교육 실제의 삶 속에서 우러난 느낌이나 생각을 찾아쓸 때 진실한 삶을 지키고, 가꿀 수 있다. 따라서 글쓰기는 머리로 지어내거나 남의 글을 흉내 내는 것이 아니라 스스로 경험하고, 느끼고, 생각한 것을 귀하게 여겨 쓰도록 해야 한다.

3) 더불어 사는 삶을 가르치는 교육 자유롭고 진실하게 쓴 글은 읽는 사람들에게 감동을

준다. 다른 사람이 쓴 글을 읽고 감동을 느낀다는 것은 곧 나만이 아닌 남의 삶을 이해하도록 이끌어준다는 것이다. 이렇게 서로가 서로의 삶을 이해하고 자신의 삶으로 끌어안을 때 혼자가 아닌 더불어 함께 사는 삶을 실천하는 사람이 될 수 있다.

정리하자면, 아이들과 함께 살아 숨 쉬는 글쓰기 교육이란 삶을 가꾸는 교육을 넘어 곧 아이들을 살리는 교육이고, 지키는 교육이다.

2장
글쓰기 교육으로
디자인하는 학급경영

글쓰기로 만들어가는 선생님과 아이들의 관계

매년 3월이 되면 교사와 학생은 기대감과 설렘으로 서로의 만남을 기다린다. 이 첫 만남은 수많은 교사와 학생들 중에서 맺게 되는 소중한 인연이다. 단지 1년만의 생활이 아니라 그 이상 지속되는 값진 추억의 장이 되기에 우리 모두는 여기에 큰 의미를 부여한다.

누구에게나 '처음'은 인상 깊게 다가오듯이 교사와 학생의 첫 만남은 서로에게 강한 인상을 준다. 이 느낌을 서로 기억하고 후에 추억한다면 얼마나 좋을까? 하루하루 지나가는 학교생활 속에서도 매순간 찾아오는 우리의 추억, 그리고 아이들의 성장과 그 속에 담긴 이야기는 순간의 휘발성이 강하다. 단지 사진과 평가 자료로만 담아 놓기에는 뭔가 아쉬움이 남는 것이 사실이다.

그래서 이를 조금 더 구체적으로, 그리고 체계적으로 담아 서로의 생각을 나누려는 장으로 바로 글쓰기를 활용할 수 있다. 학급일지, 학급신문, 학급문집, 교과 시간에 함께 하는 글쓰기 등 여러 갈래의 모습을 띠는 글쓰기는 아이들과 함께 하는 학급살이의 중심이자 배움의 매개체가 될 수 있다. 교사와 아이들의 연결고리로서 글쓰기가 그 역할을 수행할 수 있는 것이다.

학급 담임으로서의 교사는 여러 교육 활동의 과정과 성과를 지속적인 글쓰기 지도를 통해 두루 담아낼 수 있다. 교과 교육활동과 체험학습, 지역사회로부터 배우는 학습 등의 모습에서 아이들이 갖고 있는 생각과 성장의 흔적들을 가장 많이 담아낼 수 있는 것이 글이기 때문이다.

학급 특색교육으로서 교사만의 교육활동은 당연하거니와, 교과 시간의 교육활동 등에서 얻는 아이들의 글은 교사가 이를 토대로 교육활동을 재구성하고 재설계하며 피드백을 제공하는 데 큰 역할을 한다. 글쓰기가 아이들과 교사를 연결시켜준다는 의미는 바로 여기에 있다. 교사 주도하의 일방적인 교육이 아닌 아이들의 생각을 들여다보고 이를 토대로 교육을 해나가는 활동이 가능한 것이다. 물론 글이 아닌 말과 행동들을 통해서도 알 수 있는 부분이 있지만, 글은 어떤 이의 생각과 자세를 온전히 드러낼 수 있는 창이기에 가장 효과적인 도구이다.

연결고리로서의 기능뿐만 아니라 글쓰기는 자체로도 훌륭한 성장의 밑거름이 된다. 아이들은 글쓰기를 통해 자신의 생각의 크기를 넓힐 수 있고 이를 토대로 주체적인 삶을 살아가는 힘을 기를 수 있다. 또한 아이들과 함께 교사도 글을 쓰며 함께 성장할 수 있는 힘을 얻을 수 있다. '교학상장(敎學相長)'의 모습이 여기에서 나타날 수 있는 것이다. 교사가 글쓰기를 통해 아이들과 지속적으로 관계를 맺고 배움의 성장을 이끌어가야 하는 이유가 바로 여기에 있다고 할 수 있다.

계기교육과 함께하는 주제글쓰기 교육 방안

계기교육이란 무엇을 말할까? 2015 개정 교육과정에서는 계기교육을 다음과 같이 정의하고 있다.

> 시기별, 계절별로 교육적으로 의미가 있는 주제나 변화하는 사회 현안에 대하여 학생들의 올바른 이해를 돕기 위해 실시하는 교육

학교 현장에서는 독도, 통일, 인권, 양성평등 등 다양한 주제와 관련한 계기교육이 이루어지고 있다. 계기교육의 목적이 이렇게 교육과정에 명시되지 않은 다양한 주제에 대한 올바른 이해를 돕기 위한 것인 만큼, 교사는 글쓰기 교육을 통해서 이러한 다양한 주제에 대한 이해의 폭을 넓혀줄 수 있다. 그러나 교사가 개인적인 판단에 따라 자의적으로 계기교육을 실시할 경우, 학생의 가치관 형성에 혼란을 줄 위험이 있다는 이유로 계기교육은 학교교육과정위원회를 통해 내용의 적정성을 검토하여, 교수·학습 계획과 학습 자료를 사전 승인을 받아 실시해야 한다. 또한 계기교육은 교육의 중립성과 교육과정 정상화를 확보할 수 있는 범위 내에서 실시되어야 하므로 시·도 교육청에서 제시하는 계기교육 지침을 따라야 한다.

계기교육은 학생들에게 다양한 사회 현안에 대해 생각하고, 고민해 보는

좋은 기회이기도 하지만, 위와 같은 이유로 엄격히 통제받기도 한다. 따라서 위에서 언급한 계기교육 지침을 반드시 살펴보고, 학교교육과정위원회의 승인을 받아 실시해야 한다.

계기교육의 특성상 이렇게 엄격하고, 까다로워 보이는 측면도 있지만, 글쓰기 교육에 있어서 계기교육이 가져다주는 큰 장점이 하나 있다.

학교는 초·중등교육법[7]에 따라 교육과정을 가르쳐야 한다. 학교에서 이루어지는 전반적인 교육활동 역시, 이렇게 주어진 교육과정을 통해 가르쳐야 하다보니, 학생들은 자신이 배우고 싶은 것을 배우기보다는 누군가가 정해놓은 내용을 배우게 되는 경우가 많다. 글쓰기 역시, 자신의 생각을 표현하기 위한 방법 중 하나임에도 불구하고, 정말 자신이 쓰고 싶은 글감을 선정하여, 그것에 대한 자신의 생각을 쓸 수 있는 기회는 정규 교육과정 상에서 흔치 않다. 이러한 한계를 극복하는 데 도움이 될 수 있는 방안 중 하나가 바로 계기교육이다. 계기교육의 대상, 내용 등은 국가교육과정 문서에 특정되어 제시되는 것이 아니기에, 단위 학교가 교실에서 만나는 학생들의 특성, 학교의 환경 등을 고려하여 충분히 선정할 수 있다. 이러한 대상, 내용 등을 어떻게 가르칠지 또한 단위 학교 차원에서 결정할 수 있기 때문에, 학생들이 원하는 글쓰기 교육이 이루어질 수 있도록 도울 수 있다. 예를 들어, 교과서에서는 학생들이 쓰게 될 글감도, 글에 대한 방향도 구체적으로 제시되는 경우가 대부분이다.

글쓰기 교육의 본질적인 목적이 주어진 문제에 대한 답을 찾거나, 문제

---

7) 초·중등교육법 제23조 1항 학교는 교육과정을 운영하여야 한다.

를 해결하기 위함이 아니라, 자신의 의견을 표현하는 것이라는 사실에는 이의가 없다. 그렇기 때문에, 글쓰기 교육의 초점 또한, 학생들이 자신의 의견을 표현하는 방법을 익히는 것에 두어야 한다. 그렇다면, 교과서의 활동을 따라가다 보면, 학생들은 자신의 생각을 글로 표현하는 방법을 정말로 익힐 수 있게 될까?

학교교육은 국가교육과정 문서에 의하여, 교과(군)별 및 창의적 체험활동 수업 시수[8]를 배정받는다. 물론, 학교에서는 학생, 교사, 학부모의 요구 및 필요에 따라, 교과(군)별 20% 범위 내에서 시수를 증감하여 운영할 수 있지만, 그래도 큰 틀에서 배정된 시간을 따라야만 한다. 계기교육 역시, 이렇게 제시된 수업 시수 안에서 이루어져야 한다. 즉, 교과(군) 또는 창의적 체험활동 시수와 연계하여 이루어져야 한다는 것을 의미한다. 예를 들어, 최근 사회적으로 이슈가 되고 있는 양성평등 문제를 사회과의 '일상생활과 민주주의'와 관련지어 다루거나, 도덕과의 '사회·공동체와의 관계'와 관련지어 다룰 수도 있다. 또한, 국어과의 '주장하는 글쓰기'와 관련지어 다루면서, 양성평등과 관련한 자신의 입장을 주장하는 글쓰기 활동을 할 수도 있으며, '배려하는 글쓰기'와 관련지어 다루면서, 상대방의 입장을 고려하여 자신의 입장을 주장하는 글쓰기 활동도 할 수 있다. 양성평등과 관련한 성취기준은 다음과 같다.

---

8) 2015 개정 교육과정에 따르면, 학년군 및 교과(군)별 시간 배당은 연간 34주를 기준으로 한 2년간의 수업 시수를 나타낸다.

[표 1] 계기교육(양성평등)과 관련한 성취기준

[6국03-04] 적절한 근거와 알맞은 표현을 사용하여 주장하는 글을 쓴다.

[6국03-06] 독자를 존중하고 배려하며 글을 쓰는 태도를 지닌다.

[6사05-03] 일상생활에서 경험하는 민주주의 실천 사례를 탐구하여 민주주의의
의미와 중요성을 파악하고, 생활 속에서 민주주의를 실천하는 태도를
기른다.

[6사05-04] 민주적 의사 결정 원리(다수결, 대화와 타협, 소수 의견 존중 등)의 의미
와 필요성을 이해하고, 이를 실제 생활 속에서 실천하는 자세를 지닌다.

[6도03-01] 인권의 의미와 인권을 존중하는 삶의 중요성을 이해하고, 인권 존중의
방법을 익힌다.

[6도03-02] 공정함의 의미와 공정한 사회의 필요성을 이해하고, 일상생활에서 공
정하게 생활하려는 실천 의지를 기른다.

이렇게 교사는 다른 교과보다 계기교육을 통하여, 보다 다양한 주제를 자유롭게 다룰 수 있다. 이제 계기교육과 관련한 주제 글쓰기 교육을 다음 세 가지 과정을 통하여 보다 자세히 살펴보고자 한다.

1) 무엇을 쓰면 좋을까?

앞서, 언급한 바와 같이 계기교육의 가장 큰 장점은 주제를 학생들의 특성, 환경 등을 고려하여 정할 수 있다는 것이다. 학년 초 교육과정을 수립할 때, 또는 학기 중 교육과정을 만들어나가는 과정 속에서 학생들이 원하는 주제를, 학생들의 삶에 보다 가까운 주제를 선정할 수 있다. 즉, 학생들이 원하는 주제를 글쓰기 주제, 즉, 글감으로 정할 수 있다는 말이다. 자

신이 쓰게 될 글에 대한 글감을 정하는 것은 자신의 글을 쓸 수 있게 되는 출발점이다. 단, 여기에서 중요한 것은 교사의 질문이다.

'너희들은 무엇에 대한 글을 쓰고 싶니?'

학생들에게 위와 같은 질문을 하면, 쉽게 대답할 수 있을 것 같지만, 막상 많은 학생들은 당황하거나, 없다고 말한다. 대부분의 학생들은 글쓰기라고 하면, 나의 이야기를 쓰거나, 내가 하고 싶은 말을 한다기보다는 과제, 숙제 등으로 자신의 의지와는 상관없이 다른 사람에 의해 하게 되는 것으로 느껴왔기 때문이다. 지금까지 학생들에게 학교란 장소는 자신이 배우고 싶은 것을 배울 수 있는 곳이 아니라, 자신이 배워야 하는 것들만 배워야 하는 곳이었을 것이다. 그렇기 때문에, 글쓰기 역시, 내가 쓰고 싶은 것들을, 그것에 대한 나의 이야기를 쓰는 것이 아니라, 누군가가 쓰라는 것을 써야만 했다. 즉, 자신의 글감을 자신이 선정하고 싶지 않아서가 아니라, 자신이 선정해 본 경험이 거의 없기 때문에, 학생들은 위와 같은 질문에 쉽게 대답하지 못하는 것이다.

이렇게 자신의 글감을 스스로 선정해 본 경험이 부족한 학생들에게는 조금은 다르게 질문해야 한다. '너희들은 요즘 무엇이 관심이 있니?', '너희들 요즘 궁금한 것 없니?' 등 글쓰기와 직접 관련이 없더라도, 자신의 일상을 수업으로 끌어오는 연습이 먼저 이루어져야 한다. 이러한 과정을 통해, 글의 소재, 글감이 나의 것이 될 수 있을 때, 학생들은 나의 이야기를 쓰기 시작할 것이다. 계기교육의 가장 큰 장점은 학생의 원하는 배움을 글감으로 만들어줄 수 있다는 것이다.

단, 여기에서 주의해야 할 점이 있다. 학생들이 자신의 삶과 관련이 있는 주제를 자유롭게 이야기하고, 제시할 수 있는 분위기를 조성해야 하는 것은 맞지만, 학생들이 제안하는 모든 것이 좋은 글감이 될 수는 없다. 그래서 교사는 학생들의 제안에 적절한 범위나 조건을 제시해줄 수 있어야 한다. '너희들은 요즘 무엇에 관심이 있니?'라는 질문에, 학생들이 자유롭게 대답을 하면, 교사들은 그러한 대답에 대하여, '왜 그렇게 관심이 있니?', '○○이는 그러한 주제에 대하여 어떤 생각(입장)을 갖고 있니?' 등과 같은 질문을 계속 이어나가며, 학생들의 글감 선정에 있어서 범위나 조건을 제시해주어야 한다. 범위나 조건을 제시하여 학생들이 쓸 수 있는 글감을 직접 고르고, 글감을 바탕으로 쓰게 될 글쓰기의 방향을 결정지을 수 있다.

글감을 선정하는 것은 정말 중요한 일이다. 단, 질문에 제시하는 범위나 조건은 교사가 교실에서 만나는 학생들의 특성이나 환경에 따라 달라질 수 있음은 물론이며, 반드시 그러한 여건을 고려하여 결정되어야 한다. 시작이 반이라는 말이 있듯, 글감을 정했으면, 글쓰기 교육의 절반은 성공했다고 말할 수 있다.

2) 어떻게 구성하면 좋을까?

이제, 글감은 정해졌다. 글감이 정해지면, 학생들은 바로 글을 쓸 수 있을까? 개학 날, 많은 교사들이 '여러분들의 여름방학 이야기를 한 번 써봅시다'와 비슷한 활동을 진행해본 적이 있을 것이다. 그때, 학생들이 자신의 여름방학 이야기를 잘 썼는가? 아마 쉽지 않았을 것이다. 그렇게 글감을 제시하면, 학생들은 '선생님, 무엇을 써야할지 모르겠어요', '선생님, 어떻게 써야할지 모르겠어요', '선생님, 쓸 말이 없어요' 등 수많은 질문을 쏟아낸다. 나의 여름방학 이야기를 쓰는 것인데, 학생들은 왜 그것을 어려워할까?

학생들에게 물어보니, 이유는 크게 다음과 같았다.

하나, 방학 중 수많은 일이 있었는데, 그 중 **어떤 것**을 써야할지 모르겠다.

둘, **어느 정도** 써야 할지 모르겠다.

셋, **어떠한 방법**으로 써야할지 모르겠다.

글쓰기를 처음 배우는 학생들에게는 이처럼 아주 사소한 것도 고민이 된다. 그래서 교사는 글의 구성을 학생들과 함께 고민하며, 결정하는 과정을 거쳐야 한다. 위 학생들의 이유를 바탕으로 자신의 글을 구성하는 방법들을 하나씩 살펴보고자 한다.

첫 번째, 때로는 주어진 글감만으로는 글쓰기의 범위가 방대하게 느껴져서 학생들이 어떠한 내용을 써야할지, 고민하게 되는 경우가 발생한다. 따라서 교사는 학생들과 함께 결정한 글감을 잘 살펴보고, 글쓰기의 범위를 구체화하여 제시해야 한다. 예를 들어, 위와 같이 나의 여름방학 이야기를 쓴다고 할 때, 아이들에게는 글쓰기의 범위가 넓게 느껴질 수 있다. 따라서 교사는 '여름방학에 있었던 일들 중 다른 친구들과 함께 나누고 싶은 일' 또는 '가장 인상 깊었던 일' 등으로 범위를 구체화한다면, 학생들은 보다 손쉽게 글쓰기에 접근할 수 있을 것이다.

둘째, 어느 정도 써야 할지 모르겠다. 이것은 일반적인 글쓰기 시간에 학생들이 가장 많이 하는 질문 중 하나이다. 제한된 시간에 글쓰기 교육을 해야 하는 학교교육의 특성 상, 학생들이 써야 하는 글의 양을 어느 정도 정해줄 필요가 있다. 특정한 목적이 있는 글쓰기 교육이라면 10줄, 15줄 등 써야 하는 양을 정확하게 정해주는 것이 용이하지만, 일반적인 경우에는 10줄 이상, 15줄 이상 등 글쓰기의 최소량을 정해주는 것이 글쓰기 교육에 더 유용할 수 있다. 그 이유는 글쓰기 교육 역시, 교육인만큼, 학생들이 활동을 통하여, 글쓰기 역량을 함양할 수 있어야 한다. 목적한 바에 따른 최소한의 기준을 정할 필요가 있다. 글 양을 정해줄 경우, 글쓰기 역량이 보다 뛰어난 학생들은 더 많은 양을 쓸 수 있기에, 자연스럽게 개별화 학습도 이루어질 수 있기 때문이다. 단, 글쓰기에 큰 어려움을 겪는 학생이 있다면, 최소한의 범위를 다소 조정하여 제시할 수 있다. 중요한 것은 교실 속 학생들의 이해를 바탕으로 한 교사의 판단 하에 이루어지는 글쓰기 양의 설정이다.

셋, 글쓰기 교육 역시, 학생들의 글쓰기 역량을 함양하기 위한 '교육' 활동인 만큼, 학생들이 자신의 생각을 글로 풀어낼 수 있도록 도와주는 시간이다. 만일, '독도'라는 주제로 하는 계기교육 시간에, '독도가 우리나라 땅인 이유를 15줄 이상 써보시오'라는 과제를 준다면, 생각보다 쉽게 글을 쓰지 못하는 학생들이 많다. 그것은 바로 학생들이 아직 글쓰기 경험이 충분하지 않기 때문에, 글을 '어떻게' 써야 하는지에 대한 감이 잘 안 잡히기 때문이다. 따라서 교사는 글쓰기 과제를 제시함에 있어, 다음과 같이 어떻게 써야 할지 구체적으로 제시할 필요가 있다.

교사는 학생들에게 글쓰기 과제를 제시함에 있어서, **글쓰기의 범위와 양,**

독도가 우리나라 땅인 이유를 주장하는 글을 써 보세요.

1. 독도가 우리나라 땅인 이유를 타당한 근거를 들어 세 가지 이상 제시하세요.
2. 생각노트에 12줄 이상 쓰세요.
3. 필요한 자료나 정보는 스마트폰 또는 컴퓨터를 사용하여 검색 가능합니다.

방법 등을 구체적으로 안내할 필요가 있다. 이러한 안내 역시, 학생들의 수준과 성취기준 등을 충분히 고려하여 결정하는 것이 좋다.

3) 어떻게 쓰면 좋을까?

학생들의 글쓰기 교육에서 가장 중요하는 것은 학생들이 자신의 언어로 자신의 이야기를 쓰는 것이다. 자신의 언어를 사용한다는 것은 크게 두 가지로 구분할 수 있다. 하나는 사용하고자 하는 언어에 대한 정확한 의미를 이해하고 사용한다는 뜻이고, 다른 하나는 자신의 이야기를 풀어나감에 있어서 자연스러운 언어를 사용한다는 뜻을 의미한다.

첫 번째, 특히 계기교육의 글쓰기 경우, 학생들은 특정 주제에 대한 글쓰기를 하게 되기 때문에, 주제에 대한 자료를 조사하여 글을 쓰는 경우가 종종 있다. 이때, 학생들은 자신도 의식하지 못한 상태에서 자신이 찾은 어휘나 글을 그대로 인용하는 경우가 있다. 자신이 온전히 이해하지 못한 어휘나 글을 인용하는 경우, 글이 부자연스러워진다. 그러한 어휘나 글이 자신의 어휘나 글이 아니기 때문이다. 심지어, 특정 어휘가 어떤 의미를 지니는 지도 정확히 알지 못하는 상태에서 그러한 어휘를 사용하는 경우도 흔하게 발생한다. 그것은 학생 자신의 글을 부자연스럽게 만들 뿐더러, 글의 흐름이나 논리를 헤치는 주범이 된다. 그렇기 때문에 교사는 글쓰기 지도를 통하여, 학생들이 자신이 온전하게 이해하고 있는 언어를 사용하여 글을 쓸 수 있도록 도와야 한다. 교사가 학생들을 돕기 위해서는 학생에 대한 지속적인 관심과 관찰이 필요하다. 교사가 교실에서 만나는 학생들에 대한 이해가 전제되었을 때, 학생의 글을 보고 그 학생이 사용한 언어가 학생의 언어인지, 아니면 다른 사람의 언어인지 알 수 있을 것이다.

두 번째, 글쓰기 본연의 목적은 자신이 하고 싶은 말을 '글'을 통하여 다른 사람에게 전하는 것이다. 그렇기 때문에 글쓰기에서 중요한 것은 자신의 언어로 자신의 이야기를 쓰는 것이다. 그때, 비로소 자신이 쓴 글이 자신의 글이 될 수 있다. 여기에서 자신의 언어로 자신의 이야기를 쓴 다는 것은 무엇을 의미하는 것일까? 자신의 언어란 자신의 수준에 맞는 언어, 자신이 쓰고자 하는 이야기에 어울리는 언어를 의미한다. 자신이 하고자 하는 이야기에 가장 적절한 언어를 사용하는 가장 중요한 방법은 자신의 이야기를 솔직하게, 있는 그대로 쓰는 연습을 하는 것이다. 특히, 계기교육과 관련한 주제 글쓰기에서 학생들은 주로 주제에 대한 자신의 입장을 쓰는 경우가 많다. 여기에서, 주제에 대한 자신의 입장을 명확하게 하는 과정이 선행되어야 학생들은 자신의 이야기를 쓸 수 있다. 학생들은 좋아 보이는 것과 다른 사람들이 선택하는 것이 자신의 입장이라고 착각하게 되는 경우가 종종 있다. 따라서 교사는 주제에 대한 학생, 자신의 입장을 명확하게 설정할 수 있도록 도와주어야 한다.

4) 계기교육 이야기

가) 장애이해교육

이제 학생들이 쓴 글을 통하여 계기교육에서 글쓰기 교육이 어떻게 이루어지는지 알아보고자 한다. 위에서 언급한 바와 같이, 계기교육을 실시하는 근본적인 이유는 국가에서 원하는 무엇인가를 학생들에게 주입하기 위해 실시하는 것이 아니라, 최근에 이슈가 되는 현안이나 교육과정에서 다루지 못하는 다양한 사회적 상황과 관련하여 학생들의 이해를 돕고, 자신의 입장을 형성하기 위해서다. 그렇기 때문에 학생들은 계기교육을 통하여 제시되는 주제에 대한 자신의 생각, 느낌 등을 정리하는 것이 중요하기에, 글쓰기 시간은 계기교육 시간에 자주 등장하는 편이다. 예를 들어, 장애이해교육 시간에는 '차별 없는 세상을 만들기 위해 내가 할 수 있는 일', '장애와 관련하여, 일상에서 겪었던 차별 사례와 이를 극복하기 위한 방안' 등 다양한 글쓰기 교육이 이루어질 수 있다. 여기에서 중요한 것은 다른 사람의 이야기를 쓰는 것이 아니라, 자신의 삶과 관련하여 이야기를 쓰는 것이다. 자신이 삶 속에서 계기교육 주제와 관련하여 경험한 내용을 바탕으로 자신의 이야기를 쓸 때, 그것이 계기교육 주제에 대한 본질적인 이해에 가까워질 수 있다고 할 수 있다.

아래 [그림 1]에 제시된 학생의 글을 살펴보면, 장애이해교육을 주제로 하는 계기교육의 목적은 충분히 달성되었음을 알 수 있다. 왜냐하면 그 학생은 장애 학생은 내가 특별히 배려해주어야 할 대상이라기보다는 함께 살아가는 보통 친구라는 것은 알게 되었기 때문이다. 그 학생은 다양한 계기교육 활동을 통하여 여러 자료를 접하고, 다양한 생각을 할 수 있는 기회를 얻었을 것이다. 그리고 글쓰기 과정을 통해, 자신은 평소에 장애 학생을 어떻게 생각하고 있었으며, 그것이 자신에게 어떤 의미였는지 되돌아 볼 수 있었을 것이다. 그렇게 자신의 삶을 되돌아보니 자연스럽게 자신의 생각이나 행동을 반성하게 되고, 이러한 반성은 본질적 이해를 도모하게 된다.

나) 학교폭력 예방 교육

아무리 계기교육일지라도, 학생들에게 특정한 지식이나 사고를 주입해서는 안 되며, 그럴 수도 없다. 그저 계기교육 주제에 대해 학생들이 자신의

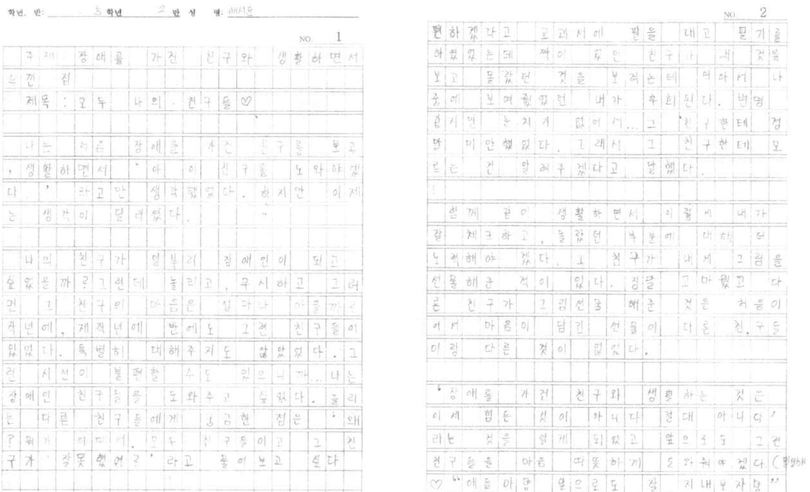

[그림 1] 계기교육을 통한 글쓰기 사례 1

입장이나 생각을 정리할 수는 있다. 그것이 어느 방향을 향하든 그것은 학생이 선택하는 것이다. 그러나 수많은 학생들의 글을 보면, 학생들의 생각을 대부분 바른 방향을 향한다. 여기서 바름을 정의한다는 것 또한 모순이 될 수는 있다. 그렇기에, 바른 방향은 누군가의 주관으로 결정되는 바름이 아니라, 사회적으로 지향하는 방향을 의미한다. 예를 들어, 독도는 대한민국 땅이라는 인식이 있기 때문에, 우리는 독도교육을 통하여 독도가 대한민국 땅인 당위성을 살피게 되고, 장애는 차별의 대상이 아니라 이해의 대상이기 때문에, 장애이해교육을 통하여 장애에 대한 학생들의 이해의 폭을 넓혀주고 학교폭력은 분명 없어져야 할 대상이기 때문에, 학교폭력 예방 교육을 통하여 학교폭력을 본질적으로 없애거나 최소화하고자 하는 것이다.

그렇다면, 소위 사회적으로 지향하는 방향은 학생들에게 주입하여 심어줄 수 있는 것일까? 아무리 그것이 사회적으로 합리적이고, 마땅한 것일지라도, 그것이 학생 자신에게는 마땅하고, 당연한 것이 아닐지도 모른다. 그것은 자신의 삶과 비추어 생각해볼 시간을 가져보지 못했기 때문이다. 따라서 계기교육이야말로, 학생들에게 다양한 자료를 통하여 학생들에게 특정한 방향을 주입하는 차원보다는 학생 자신의 삶을 돌아보고, 자신의 삶에 비추어 특정 주제를 바라볼 수 있는 여건과 환경을 마련해주어야 한다. 그때야 비로소, 학생은 계기교육 주제를 보다 진지하게 고민하고, 생각해볼 수 있는 가능성이 높아지기 때문이다.

다음 [그림 2]는 학교폭력 예방교육 차원에서 이루어진 친구 사랑 글쓰기다. 아마 아래 글을 쓴 학생은 친구에게 우정 편지를 쓰는 과정 속에서, 친구가 자신에게 얼마나 소중한 존재이며, 서로가 서로를 배려하고, 사랑

♡ 친구 사랑 편지 쓰기 ♡

대전문화초등학교 5 학년 2 반 6 번 이름 (배서윤)

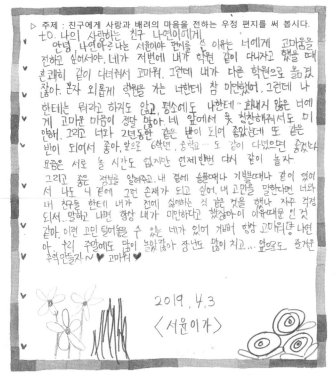

▷ 주제 : 친구에게 사랑과 배려의 마음을 전하는 우정 편지를 써 봅시다.

To. 나의 사랑하는 친구 나연이에게

안녕, 나연아. 나는 서윤이야. 편지를 쓴 이유는 너에게 고마움을 전하고 싶어서야. 네가 저번에 내가 학원 같이 다니자고 했을 때 흔쾌히 같이 다녀줘서 고마워. 그런데 내가 다른 학원으로 옮겼잖아. 혼자 외롭게 학원을 가는 너한테 참 미안했어. 그런데 나한테는 뭐라고 하지도 않고, 평소에도 나한테 삐치지 않은 너에게 고마운 마음이 정말 많아. 네 앞에서 못 칭찬해줘서도 미안해. 그리고 너와 2년동안 같은 반이 되어 좋았는데 또 같은 반이 되어서 좋아. 앞으로 6학년, 중학교... 도 같이 다녔으면 좋겠다. 요즘은 서로 놀 시간도 없지만 언제한번 다시 같이 놀자.

그리고 좋은 정보를 알려주고, 내 곁에 슬플때나 기쁠때나 같이 있어서 나도 니 곁에 그런 존재가 되고 싶어. 내 고민을 말한다면 너와 내 친구를 한테 내가 전에 싫어하는 것 같은 것을 했나 자주 걱정 되서, 말하고 나면 항상 내가 미안하다고 했잖아. 이 이유때문 인 것 같아. 이런 고민 덜어놓을 수 있는 네가 있어 ㄱ 벼 벼 헝헝 고마워 ㅠ 나연아. 우리 주말에도 많이 놀았잖아. 장난도 많이 치고... 앞으로도 즐거운 추억 만들자 ♥ 고마워 ♥

2019. 4. 3
〈 서윤이가 〉

[그림 2] 계기교육을 통한 글쓰기 사례 2

해야 할 존재임을 자연스럽게 떠올리게 될 것이다. 친구에게 글을 쓰게 되면, 친구와 함께 했던 자신의 삶을 떠올리기 때문이다. 즉, [그림 2]를 쓴 학생은 자신의 삶에 비추어, 주제에 대한 자신의 고민을 담아 글을 썼다. 이것이 계기교육이 향해야 할 방향이다.

학급·학교행사와 함께 빛나는 글쓰기 교육

1) 행사와 글쓰기

학교에는 여러 가지 행사가 많이 이뤄지고 있다. 학교에서 시행하는 행사의 대부분은 학교교육과정이나 학년 및 학급교육과정과 연관되어 있다. 학교에서 시행하는 행사의 경우 일반적으로 입학식, 운동회, 학예회, 졸업식 등이 있다. 이러한 행사는 대부분의 학교에서 시행하는 것으로, 행사의 목적이나 취지가 분명하다고 볼 수 있다. 학년 및 학급의 행사는 학년 및 학급의 특색이 반영된 다양한 행사가 가능하다. 5, 6학년의 경우 수학여행, 수련회가 있고 학년별 현장체험학습이 이뤄진다. 또한, 학급행사도 특색 있고 재미있게 운영되고 있다. 이러한 행사는 학년 및 학급교육과정과 연계되어 운영되기에, 글쓰기와도 접목한다면 행사가 단순히 흥미 위주가 아닌 교육과정과 연계되어 운영되는 하나의 방법이 될 수 있다.

2) 학교행사와 함께 빛나는 글쓰기 교육

학교행사는 많은 학생이 참여하기에 글쓰기 교육과 연계시키기 위해서는 '글쓰기'가 하나의 행사 프로그램으로 들어가는 것이 좋다. 이렇게 운영하면 글쓰기에 부담을 가진 아이들도 쉽게 참여할 수 있고 '글쓰기'에 초점이 맞춰지기보다는 행사에 참여하는 것에 초점을 맞출 수 있어서 자연스러운 글쓰기가 가능하다.

글쓰기를 학교행사인 입학식과 연계하여 운영할 수 있다. 입학식의 주인공은 입학생이다. 입학생을 위해서 2~6학년 학생들이 입학하는 동생들에게 '편지글'을 써주는 방법을 활용할 수 있다. 입학하는 아이들이 한글 읽기를 어려워 할 수도 있기에 편지의 분량에는 구애받지 않고, 단지 입학을 축하하는 표현이 잘 드러나도록 2~5학년 학생들이 써 주면 된다. 예를 들면 붙임 딱지에 간단한 그림과 함께 두세 문장을 써도 되고, 큰 종이에 입학을 축하하는 그림이나 글을 써도 된다. 특히 2학년의 경우, 1년 동안 학교생활을 했기에 입학생들에게 느끼는 감정은 특별할 수도 있다. 이러한 감정을 글로 표현하는 것이 바로 '입학식 글쓰기'이다. 이러한 글을 모아 실제 입학식에서 입학생들에게 직접 전달해주거나, 쓴 글을 읽어주는 방식으로 입학식에서 활용할 수 있다. 졸업식도 입학식과 유사하게 1~5학년 학생들이 글쓰기를 통해 졸업생에게 하고 싶은 이야기를 표현하면 된다.

'학생이 학교행사에 주체적으로 참여한다'는 것은 행사 일정에 맞추어 그 현장에 있거나 행사를 준비하는 것을 포함하여 행사 내용에 학생들의 생각이 반영되는 것이 핵심 요소라고 생각한다. 글쓰기를 통해 학생들이 학교행사에 직접 참여할 방법은 '학생들이 행사에 관련된 글을 써서 표현하는 것'이라고 생각한다. 앞으로 학교행사의 내용에 있어 학생들이 글쓰기를 비롯해 좀 더 표현할 수 있는 다양한 통로가 만들어졌으면 한다.

3) 학년 및 학급행사와 함께 빛나는 글쓰기 교육

학년 및 학급행사는 학생과 담임교사가 직접적으로 만들어가는 행사가 많다. 예를 들면 학기 초 첫 만남, 생일 축하, 각종 현장체험학습, 학급 회의, 학급 축제 등 다양한 행사가 있다. 이러한 행사는 학년 및 학급에서 기획부터 실행 및 평가까지 시행하기에 학생들의 실제적인 참여가 많이 이뤄진다. 또한 학년 및 학급교육과정과 연계되어 운영되기에 담임교사의 학년 및 학급교육과정 기획력이 요구되는 부분이다.

학년 및 학급교육과정과 연계하여 학년 및 학급행사 및 글쓰기 교육이 결합한 경우를 살펴보면, 4학년 사회 교과를 중심으로 국어 교과와 연계하여 '우리 지역의 문제점을 찾아보고 해결방안을 제안하는 글쓰기'를 한 사례가 있다. 우리 지역의 문제점을 찾아보고 그 문제를 해결하는 방안을 탐색하여, 제안하는 글을 쓰는 과정으로 이뤄진다. 관련 교육과정은 [표 3]과 같다.

학생들이 우리 지역의 문제로 생각한 것은 '학교 앞 교통 문제'와 '복합커뮤니티센터의 어린이 이용에 관한 것'이었다. 우선 '학교 앞 교통 문제'는 '신호등, 방지턱, 표지판 설치'를 제안하였고, '복합커뮤니티센터의 어린이 이용에 관한 것'은 '어린이 무료 이용, 어린이들이 재미있게 사용할 수 있는 공간이나 프로그램 구성, 체육관 체육 물품 구비'를 제안하였다. 이를 바탕으로 '제안하는 글쓰기'를 시행하였다.

글쓰기 활동을 통해 제안할 내용을 형식에 알맞게 작성하여 학생들이 직접 우리 지역의 공공기관인 시청과 시의회에 '제안서'라는 이름으로 전달하

[표 3] 학급 교육계획과 연계한 글쓰기

교과	성취기준	단원	단원 목표	평가
사회 (중심교과)	[4사03-06] 주민 참여를 통해 지역 문제를 해결하는 방안을 살펴보고, 지역 문제의 해결에 참여하는 태도를 기른다.	2. 지역 문제와 주민 참여	우리 지역의 문제가 발생하는 원인을 파악하고 해결 방안을 찾을 수 있다.	지역의 문제를 찾고, 해결하기 위한 방법 제안활동에 참여하기
	[4사03-05] 우리 지역에 있는 공공 기관의 종류와 역할을 조사하고, 공공 기관이 지역 주민들의 생활에 주는 도움을 탐색한다.	1. 우리 지역의 공공기관	주민 참여의 중요성을 알고 다양한 주민 참여 방법을 설명할 수 있다.	우리 지역의 문제 해결방안을 제안하기에 알맞은 역할을 지닌 공공기관 찾아 제안하기
국어	[4국03-03] 관심 있는 주제에 대해 자신의 의견이 드러나게 글을 쓴다.	8. 이런 제안 어때요	제안하는 글을 쓸 수 있다.	제안하는 글쓰기

였다. 또한, 인터넷을 활용하여 시청 누리집, 우리 지역 경찰청 누리집, 청와대 국민청원 게시판에 '제안하는 글'을 직접 작성하였다. 학생들은 온라인과 오프라인 글쓰기 활동을 통해 우리 지역의 문제 해결방안을 제안하는 수단으로 활용될 수 있다는 소중한 경험을 하였다. 글쓰기 활동이 단지 읽고 쓰는 것에서 벗어나 우리의 삶을 바꿀 수도 있는 작지만 소중한 하나의 수단이 될 수 있다는 것을 학생들이 직접 체험한 것이다.

이처럼 학년 및 학급의 행사와 글쓰기는 학년 및 학급교육과정과 연계하여 운영한다면, '글쓰기'와 '교육과정이 연계된 행사'라는 일거양득의 효과를 노릴 수 있다.

우리 연동초등학교 앞 횡단보도에 신호등이 없고
차가 많이 다녀 위험합니다. 그래서 우리 학교 앞
횡단보도에 신호등을 설치해 주었으면 좋겠습니다.
우리 학교 학생, 선생님들은 거의 학교 통학버스나
자가용 부모님차를 차를 타고 다닙니다. 하지만
걸어다니는 학생들이고 버스 타고 다니는 선생님
들도 있습니다. 또한 학교 주변에서 일을 하시는 분이
나 학교 주변에 사시는 분들은 횡단보도를 많이
이용하십니다. 학교앞 세븐일레븐에서 일하시는
분은 반대편으로 건너갈때 횡단보도를 이용하신
다고 하셨고 우체국에서 일하시는 분은 횡단보도를 건
너기 드문데 아이들은 많이 건널것 같다고 이야기
해 주셨습니다. 횡단보도 반대편에 버스정류장
이 있어서 파출소에서 일하시는 분은 버스를 타러
반대편으로 건너갈때 횡단보도를 이용한다고 당황히
주셨습니다. 차가많이 다녀 10분동안 조사해본결과
2019년 6월 15일 토요일 10시 30분 등교 부터 11시
까지 총 소형차 6대로 대형버스 차는 39대 트럭은
1대 지나갑니다. 우체국과 세븐일레븐 파출소 모두

세종 연동초등학교 앞 횡단보도에 신호등을 만들어 주세요. 학교 앞에는 편의점이
나 우체국, 파출소 등 시설물이 많은데 우리학교 학생들이 반대편으로 건너갈 때
큰 차라든지 다양한 차들이 많이 다녀서 위험합니다. 그래서 신호등을 설치를 한다
면 학교 앞에 사시거나 일하시는 분들이 일어 있거나 하실 때 횡단보도를 건너가시
는데 안심하고 마음편하게 갈 수 있을 겁니다. '학교 앞에 신호등을 만들어 주세요'
라는 주제로 세븐일레븐, 우체국, 파출소에 일하시는 분들께 면담을 해 보았습니다.
질문내용으로는 무엇을 하실 때에 횡단보도를 건너시나요? 라는 질문을 해 보는데
요. 세븐일레븐에서 일하시는 분께 질문을 해 보았는데 저는 횡단보도를 건
너기 드문데 아이들은 반대편으로 갈 때 많이 건널 것 같다고 말을 해 주셨습니다.
똑같은 질문을 파출소에서 일하시는 분에도 여쭈어보았는데요. 버스를 타러 갈 때
횡단보도를 건너신다고 하셨습니다. 이런 가지 주회들의 의견을 들어보았는데요. 이
번에는 학생의 의견을 들어보았습니다. 학원을 다닐 때, 현장체험학습 갈 때도 차가
쌩쌩다녀서 위험한데 신호등을 설치하면 안전한 것 같다고 하셨습니다. 학부모님
의견도 들어보았습니다. 횡단보도가 생긴다면 보행자들이 횡단보도를 안전하게 건널
수 있을 것 같다고 말씀해 주셨습니다.

아무리 신호등이 있어도 그냥 빠르게 지나가는 차가 있어 위험할 것 같아 방지턱도
설치해 주세요. 저희 학교 앞에는 그림이 있고 방지턱이 힘이 나와 있지 않아 차들
이 빠르게 지나갑니다. 그래서 방지턱을 만들어 주세요. 그리고 표지판도 만들어 주
시면 감사하겠습니다. 마을이 학교라는 것을 알기위해 표지판을 꼭 만들어 주세요.
제안자 - 김ㅇㅇ - 곽ㅇㅇ - 주ㅇㅇ - 정ㅇㅇ
감사합니다.

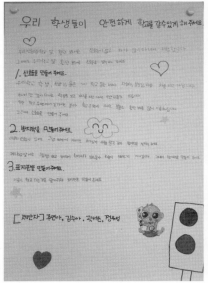

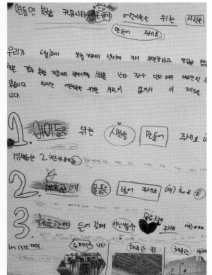

아이들이 직접 학급의 역사를 기록하는 학급일지

한 사람이 자신의 이야기를 일기를 통해 기록하듯, 학급일지는 학급의 구성원이 자발적으로 학급의 일을 기록하는 것을 말한다. 훗날 학기 말이나 학년 말에 학급신문이나 학급문집을 만들 때 이 학급일지는 많은 도움이 된다. 그 속에 담긴 여러 이야기가 훌륭한 재료가 되기 때문이다. 특히 아이들의 시각으로 적은 학급 이야기의 여러 기록들은 아이들의 주체적인 이야기가 되기 때문에 나중에 들여다볼 때 더욱 생생하게 전달될 수 있다.

1) 학급일지를 위한 준비

먼저 학급일지를 기록하기 위한 준비물을 갖추기 위해서 학급 내 가용예산(학급운영비 혹은 학년지원예산 등)을 활용하여 학기 초에 공책을 구입해 놓는 것이 좋다. 간단하게 줄이 쳐져 있는 공책으로서, 학기당 아이 1명당 2권 이내로 구입해 놓으면 된다. 기록을 하며 아이들이 자유롭게 활용할 수 있는 스티커들도 종류별로 몇 개씩 갖춰놓으면 더욱 좋다. 또한 색볼펜을 학급일지를 담당하는 친구들에게 선물이자 도구로서 준비해 준다면 훌륭한 동기유발이 될 수 있다.

이러한 준비물이 갖추어진다면, 학급일지를 써야 하는 목적과 필요성에 대해 아이들과 함께 이야기 나눌 시간을 마련해야 한다. 교사가 왜 학급일지를 시작하려 하는지 간단히 설명하고 아이들로부터 동의를 구하면서 시작하는 것이 좋다.

학급일지를 위한 준비물

간단하게 줄이 쳐져 있는 공책	학급일지를 꾸미는 스티커
학급일지 작성에 필요한 필기도구	학급일지 참고자료

2) 감정이입을 통한 동기 부여

학급일지는 교사가 주도적으로 쓰는 것이 아니다. 아이들이 스스로 흥미를 갖고 쓰게끔 만들어야 한다. 어떤 활동을 할 때에는 아이들에게 강한 동기를 갖게 하는 것이 효과적이듯, 학급일지를 안내할 때에도 동기유발이 필요하다. 그리고 이것이 하나의 단편적인 활동이 아니라 학습과 연계된다면 더욱 좋다. 역사서를 기록하는 사관의 이야기나 지역 소식을 생생하게 전달하는 기자의 이야기 등을 갖고 온다면 아이들이 학급일지 작성의 의의를 보다 생생히 느낄 수 있다.

예를 들어, 조선왕조실록의 사관의 기록의 한 부분을 보여준다거나, 지역 환경문제에 대한 누적된 기사를 보여주어 관찰과 그 기록의 중요성을

감정이입을 통한 동기부여

역사서를 기록하는 사관	⇨	학급일지 작성의 책임감 부여
사건을 기록·전달하는 기자	⇨	학급일지 기록의 시각 인지

스스로 느끼게 할 수 있다. 그런 다음, 아이들이 우리 학급의 역사를 기록할 때 우리의 매일 매일의 추억은 소중한 보물이 된다는 것을 느끼도록 하면 더욱 효과적일 것이다.

3) 학급일지를 쓰는 역할 정하기

학급일지 작성의 역할부여는 학급에서 1인1역을 정할 때 함께 하는 것이 좋다. 학급일지에 대해 안내하고 보면, 의외로 많은 아이들이 학급일지 작성의 역할에 큰 관심을 보이는 것을 목격할 수 있다. 이때 한 사람에게만 기록 작성의 역할을 주지 말고 서너 명의 팀 단위로 묶어 주는 것이 좋다. 아이들의 의견을 참고하여 진행하되, 한 아이에게 큰 부담을 주지 않고 돌아가며 기록할 수 있게 하는 것이 효과적이다. 매일 기록해야 하는 것이기에 부담이 크면 언젠가는 소홀해지고 기록이 멈추는 경우도 생긴다.

그렇다고 너무 많은 인원을 배정하면 곤란해진다. 서술의 중심이 무너지기 때문이다. 다른 1인1역도 마찬가지이지만 학급일지 1인1역을 선발할 때에는 내가 왜 되어야 하는지에 대한 이야기를 아이들 전체 앞에서 말하도록 해도 좋다. 함께 생활하는 공간인 학급의 이야기를 기록하는 것인 만큼 이유와 타당성을 아이들이 직접 듣고 선택하게끔 하는 것도 좋은 방향이다.

학급일지를 쓰는 역할정하기

학기 초 학급 1인1역 정하기: 학급일지 도우미 정하기
1인1역의 인원 정하기: 1명보다는 3~4명의 팀 단위로 운영하기

4) 학급일지를 쓰는 방법 함께 익히기

학급일지 작성에 필요한 틀은 최대한 적은 것이 좋다. 복잡한 틀은 아이들의 작성에 걸림돌이 되기 때문이다. 기본적인 요소인 날짜, 제목, 내용으로만 이루어질 수 있도록 하면 좋다. 가장 좋은 것은 예시를 보여주는 것이다. 이때 아이들이 직접 기록했던 과거의 기록을 예시로 보여주면 좋다.

만약 과거의 기록이 없으면 교사가 미리 간단히 예를 들어 적어주면 좋다. 내용의 분량도 너무 길거나 너무 짧지 않게 해야 함을 인지시키면 좋다. 솔직하고 자세하게 그날의 학급 일을 기록을 하게끔 유도해야 한다. 간혹 길게 쓰는 것이 좋은 기록인 것으로 착각하는 아이들의 경우도 있는

학급일지를 쓰는 방법 함께 익히기

간단한 틀 제공하기: 날짜+제목+내용
작성의 기준 제공하기: 솔직하고 자세하게 쓰기

[표 4] 학급일지의 예시 ㅣ

2019년 5월 2일 목요일

오늘 우리 반에서는 학급잔치가 열렸다. 모두 미리 장기자랑을 준비하여 와서 그런지 긴장되는 표정이 많았다. 장기자랑의 순서는 뽑기로 정해졌는데 우린 과자를 함께 먹으며 장기자랑을 보았다. 장기자랑은 마술, 줄넘기, 노래, 스피드스태킹 등으로 이어졌다. 모든 친구들이 멋지게 장기자랑을 마무리한 것 같았다. 모든 친구들이 내년 1월에 하는 장기자랑도 잘 준비하여 실력을 뽐내길 기대해 본다.

학급일지 기록도우미 강○○

데, 제목에 맞게 내용을 자세하게만 쓴다면 꼭 길게 쓰지 않아도 됨을 주지시킬 필요가 있다.

5) 학급일지 삽화 그리기

글로 이루어져 있는 학급일지의 내용에 삽화가 들어간다면 이를 학급문집으로 제작할 때 훨씬 수월하다. 아이들이 그리는 그림은 그날 있었던 내용을 더욱 생생하게 드러나게 하기 때문에 가능한 함께 하는 것이 좋다. 학급일지 삽화는 학급일지를 만들 때 사용하는 것과 같은 줄이 없고 비어 있는 공책이 좋다. 보다 자유롭게 그리게 할 수 있기 때문이다. 다만, 날짜와 제목이 함께 들어가게 해야 한다. 또한 가능한 색칠도 함께 하게 하여야 한다.

[그림 3] 학급일지 삽화의 예시

학급일지 삽화 또한 1인1역을 통해 정할 수 있다. 그런데 이러한 과정은 개별적인 시간을 필요로 하기에, 이에 대한 추가적인 보상도 필요하다. 학급일지를 기록하는 역할이나 삽화를 기르는 역할수행은 주로 쉬는 시간, 점심시간, 방과 후 등의 시간에 이루어진다. 아이들이 따로 시간을 내어 하는 것이기에 주기적(한 달 1회, 혹은 한 학기 1회)으로 학급일지와 삽화를 맡은 이들을 위한 작은 다과회를 여는 것도 좋다. 사기를 높여주고 이에 대한 책임감을 다시 한 번 일깨워주는 효과도 있다.

6) 학급일지 함께 돌려 읽기

꾸준히 작성된 학급일지는 학급신문, 학급문집으로 재탄생되어 아이들에게 읽힐 수 있다. 달마다, 혹은 학기마다 아이들의 글을 모아서 내는 신문이나 문집에 한 장으로서 학급일지를 담으면 이제껏 학급에서 지내 온 여러 일들을 아이들은 되돌아 볼 수 있다. 함께 겪은 여러 일들에 대해 서로 몰랐던 느낌과 생각을 공유할 수 있다.

꼭 학급신문이나 학급문집이 아니더라도 학급일지는 교실 내 한 곳에 상시 비치하여 아이들이 자주 읽어볼 수 있게 한다. 아이들이 스스로 찾아 읽을 수 있도록 교사가 가끔 학급일지와 삽화를 직접 살펴보는 모습을 보여주는 것도 효과적이다. 그리고 일부러 소리 내어 웃거나 댓글을 달아주는 것도 아이들의 관심을 끌 수 있는 좋은 방법이다.

국어, 사회, 도덕 교과 등의 수업 시간에 학급일지를 활용하여 지도할 수도 있다. 필요하다면 내용을 복사하여 아이들이 돌려 읽게 하여, 그 글을 토대로 학습할 수 있는 것이다. 하나의 텍스트를 함께 읽고 그에 대한 여러 생각을 이끌어 내는 방식을 통해 관련 교과의 성취기준 달성에도 활용할 수 있다.

학급일지는 그것을 기록하는 아이에 따라 다소 주관적으로 서술될 수 있는데 돌려 읽을 때 이에 대한 개방적인 시각을 견지하되, 지나친 비판을 삼갈 수 있도록 하나의 예시를 보여주어 지도하는 것도 필요하다.

[표 5] 학급일지의 예시 2

2019년 5월 16일 목요일

오늘 사회시간, 모둠별로 세종특별자치시의 각 지역에 대해서 발표가 있었다. 대부분의 친구들은 발표내용에 대해 잘 경청하는 모습을 보였다. 그런데 갑자기 일부 친구들이 떠들기 시작하여 시끄러워지기 시작했다. 선생님이 이에 대해 말씀하시자 이내 차분해졌다. 다행히 발표를 잘 마무리할 수 있게 되었는데, 많은 친구들의 얼굴에서 만족스러운 표정이 나타났다. 끝으로 선생님이 내 주신 퀴즈 문제를 우리가 모두 다 맞히게 되었다. 친구들의 노력에 대한 선생님의 칭찬으로 사회 시간이 잘 마무리되었다.

학급일지 기록도우미 이○○

아이들이 스스로 쓰고 싶게 만드는 일기 지도

이순신 장군과 연암 박지원 선생, 혜경궁 홍씨의 공통점은 무엇일까? 바로 일기를 썼다는 점이다. 일기는 말 그대로 그날 있었던 일을 기록하는 것을 말한다. 그런데 오늘날 이 일기는 교실 현장에서 다소 그 목적이 어긋나게 인식되어 오해를 불러일으키는 경우가 잦다.

지난 2005년, 국가인권위원회는 초등학교 교사의 일기장 검사를 인권침해 우려요소로 판단해 이에 대해 권고한 바 있다. 국가인권위원회는 일기장을 검사하는 것이 아이들의 사생활과 양심의 자유를 침해한다고 본 것이다. 이에 따라 일기쓰기 교육은 큰 장애물을 만나게 되었다. 일기쓰기 교육의 목적을 망각한 채 일기쓰기를 인권침해와 결부시켜 배격하는 교실도 많아졌다. 하지만 일기쓰기 교육은 인권침해와는 별개로 생각하여야 맞다. 왜냐하면 일기쓰기 교육이 갖는 장점과 가치는 인권을 침해하지 않는 선에서도 충분히 발휘될 수 있기 때문이다. 아이들이 일기를 쓰면서 얻을 수 있는 것은 다음과 같다.

1) 일기쓰기 교육의 효용과 가치

가) 자신의 이야기를 직접 기록하며 생각하는 힘이 길러진다

아이들은 무릇 자신의 이야기를 하기 좋아한다. 그것이 말로 되었든, 글로 되었든, 그림으로 되었든 하고 싶은 이야기를 표현하는 것을 좋아한다. 하지만 입으로 전해지는 말은 쉽게 표현할 수 있다는 장점이 있지만 동시에 휘발성이 강해 기록으로서의 효용성이 떨어진다. 따라서 아이들이 자신의 이야기를 글로 쓰는 습관을 길러주어야 한다. 글로 쓰면서 자신의 이야기를 적다보면 어느새 아이들은 상상하기도 하고 깊게 고민하기도 하며 생각의 크기를 점차 넓혀가게 된다.

그러나 글로 쓰는 것 자체를 싫어하거나 이야기를 글로 표현하는 것에 두려움을 갖고 있는 경우를 보게 된다. 이는 후술하겠지만 일기쓰기를 잘못 교육받은 것에 그 원인이 있을 가능성이 크다. 일기는 전적으로 아이들에게 권리가 있어야 한다. 맞춤법이 틀리든, 표현이 어색하든 아이들에 의해 수정되어야지, 다른 누군가에 의해 수정되어서는 안 된다. 다른 이가 개입하는 순간 그 일기는 표현의 자유가 억압되는 일기가 될 수 있기 때문이다.

나) 감정의 억눌림 없이 건강하게 마음을 표현하는 모습이 길러진다

아이들의 입장에서는 어른들이 하는 잔소리나 지도가 간혹 이해되지 않을 때가 있다. 가령, 같은 모둠 친구들과 청소를 하는데, 누군가가 장난을 쳐서 모둠 전체가 장난을 친 것처럼 오해를 받았다면, 장난을 치지 않은 아이의 경우에는 굉장히 속상할 수 있다. 이러한 상황에서 생기는 감정은 그것을 풀지 않으면 아이의 마음이나 행동의 한 면에 남아 곪을 수 있다. 하지만 이를 바로 말이나 행동으로 풀기 적합하지 않은 상황이 대부분의 경우이다. 이러한 억울한 마음이나, 반대로 기쁜 마음, 자랑하고 싶은 마음, 혹은 슬픈 마음, 외로운 마음 등은 자연스레 풀어낼 때 보다 건강한 마음을 갖기 때문에 일기쓰기를 통해 마음을 표현하는 창구를 만들어 주어야 하는 것이다.

다) 아이의 인권을 보장하는 일기쓰기는 소중한 추억이 된다

일기쓰기가 인권을 침해한다는 의견은 교사가 아이의 일기장을 교육의 대상, 지도의 대상으로 보기 때문에 비롯되는 문제이다. 문제 해결은 간단하다. 일기쓰기를 검사의 대상으로 보지 않으면 된다. 사전에 교사와 학생 간의 충분한 안내 및 생각 공유를 통해 일기를 검사하는 것이 아닌, 공유하는 것이라는 것을 충분히 인지시키는 것이 중요하다.

이를 위해서는 교사와 학생 간의 래포(유대감) 형성도 중요하며 간혹 교사의 일기를 보여 주어 일기는 감추어야 하는 것이 아닌 때론 공유할 수 있는 것임을 보여주어도 된다. 물론 교사는 이러한 과정에서 일기에 댓글을 달 수 있지만, 이는 순수하게 아이의 성장을 돕는 측면에서 참여하는 것을 망각하지만 않으면 된다.

또한 꼭 밝히고 싶지 않은 일기 내용이 있다면 이를 공개하지 않아도 됨을 사전에 알려주면 된다. 예를 들어 공개하고 싶지 않은 날짜의 일기가 있다면 이를 접어놓거나 메모지 등으로 표시를 해 놓으면 교사가 읽지 않는다는 것을 믿게 해야 한다. 꾸준한 실천을 통해 믿음을 준다면 인권 침해의 요소는 유발되지 않을 것이다.

이렇게 일기쓰기 교육은 인권 침해의 측면과 연관되지 않을 가능성이 크다. 교육의 목적으로서 행하는 일기쓰기 교육은 그 가치의 절대성이 인권 침해로 인해 폄하될 수 없다. 그런데도 일기쓰기 교육이 교실에서 잘 이루어지지 않는다면 아마도 다음과 같은 문제점이 일어나고 있기 때문이라고 추측할 수 있다.

2) 일기쓰기 교육의 걸림돌

가) 형식에 얽매이는 일기쓰기 교육

많은 아이들은 일기를 쓸 때 '오늘'이라는 말을 많이 쓴다. 예를 들어, "오늘 나는 아침에~" 이런 식으로 시작하는 경우가 많다. 이러한 모습은 많은 날짜의 일기에서 반복되기도 한다. 문제는 이러한 모습을 지적하는 경우에서부터 생긴다. '오늘'이라는 단어나 특정 어구 등을 반복하지 않도록 지도하는 경우, 아이들은 말문이 막히고 만다. 마치 마중물처럼 더 많은 표현을 이끌어내는 표현이 제약에 의해 막힘에 따라 자연스러운 일기가 나오지 않는 것이다.

또한 맞춤법이나 문장의 연결과 같이 문법적인 지도, 혹은 글쓰기 공부가 함께 이루어질 때 일기쓰기는 더 이상 자유로운 표현의 장이 아닌, 공부의 장이 되고 만다. 어른들도 휴식을 누릴 때 누군가가 간섭을 하면 괴로운 것처럼, 아이들에게 일기가 휴식이자 표현의 시간이 되어야 하는데 형식에 얽매여 공부가 된다면 이는 더 이상 자유로운 표현을 기대할 수 없게 되는 것이다. 따라서 형식에 얽매이는 일기쓰기 교육으로부터 탈피해야 한 다. 교사는 단지 국어나 사회 등의 교과시간에 지도해야 할 개별적인 상태 를 점검, 확인하는 데 일기장을 활용하면 충분하다.

나) 자유로운 표현을 막는 일기쓰기 교육

그림을 그릴 때 하얀 도화지에서 처음 시작하듯, 아이들의 일기쓰기에 처 음부터 무리하게 간섭하는 것은 생각의 틀을 정해주는 것과 다름없게 된 다. 특별한 일을 쓰라고 한다거나, 반드시 몇 줄 이상 쓰라고 한다거나 식 의 제한부여는 일기쓰기에 짐을 올리는 격이다. 누구나 관심을 가질만한 특별한 일은 일상 속에서 찾아보기 힘들 뿐더러 평범한 일상 속에서 특별 한 가치를 찾아내어 쓰는 일은 초등학생이 아닌, 후에 완숙한 나이가 되어 찾아낼 수 있는 일이기에 일상 속 이야기를 자유롭게 표현하게 하는 것이 좋다.

그리고 매일, 몇 줄 이상 써야 하는 것처럼 분량을 제한하는 것도 자유 로운 사고에 브레이크를 밟는 것처럼 작동할 수 있다. 보다 자세하고 생생 하게 그리도록 하되, 절대 분량을 제시해서는 안 된다. 설사 두세 줄의 짧 은 일기라도 이를 수용하고 더욱 자세히 써 나갈 수 있도록 격려하는 편이 낫다.

다) 아이들의 주체성을 인정하지 않는 일기쓰기 교육

일기쓰기의 주인은 바로 아이들이다. 따라서 아이들이 일기쓰기를 쓰는 때와 장소 등은 아이들 스스로 결정하게 해야 한다. 잠자기 전에 써야 하루의 일을 되돌아 볼 수 있다는 잘못된 지도는 잠이 쏟아져 오는 수면 임박시간에 일기를 대충 쓰게 할 수 있는 위험요소가 있다. 또한 인상 깊은 일이 있었을 때 바로 쓰지 않게 되면 이는 휘발되어 버릴 수 있기에 아이들이 일기를 쓰고 싶을 때엔 바로 쓰든지, 아니면 메모를 통해 쓰든지 스스로 결정하게 해야 한다.

일기쓰기 교육을 막는 걸림돌

형식에 얽매이는 일기쓰기 교육
자유로운 표현을 막는 일기쓰기 교육
아이들의 주체성을 인정하지 않는 일기쓰기 교육

3) 일기쓰기의 즐거움을 찾는 교육

일기쓰기의 즐거움을 아이들에게 돌려주기 위해서는 간단하다. 위의 방식들을 바꾸면 된다. 하나씩 살펴보도록 하자.

가) 일기를 통해 맞춤법이나 띄어쓰기와 같은 지도를 하지 않는다

아이들이 일기에 빠져들어 쓸 때의 모습을 살펴보면 그야말로 신나는 눈빛으로 몰두하고 있음을 볼 수 있다. 이때에는 아이들이 하는 잔 실수들은 모른 척 넘어가는 것이 좋다. 영어로 말하기를 할 때에도 자신 있고 과감하게 표현하는 것이 우선이듯이, 아이들의 언어로 표현하는 일기에 실수가 있더라도 그 순간은 자연스럽게 넘어가는 것이 좋다. 그렇게 할 때에 아이들은 일기쓰기에 두려움을 갖지 않게 되며, 일기란 '자유롭게 쓰는 일상의 글'이라는 생각을 저절로 갖게 된다. 다만, 아이들의 일기에서 반복되어 나타나는 맞춤법의 오류나 띄어쓰기 오류 등은 지도의 필요성이 있기에 이를 따로 적어 놓았다가 국어시간에 별개로 지도하는 것이 좋다.

나) 자유로운 사고를 할 수 있도록 지원한다

아이들은 일기를 쓰며 글쓰기와 삶을 하나로 묶을 수 있다. 아이들이 일기를 쓰는 것은 개인의 권리이며, 이는 의무가 아님을 강조해야 한다. 학급 내 분위기를 일기쓰기를 선호하는 분위기로 만드는 것이 중요한데, 가장 먼저 교사가 일기를 썼던 것을 보여주며, 실제로 일기쓰기를 실천하는 것이 좋다. 이를 통해 일기쓰기는 가치 있는 활동이며 이는 자신의 삶과 연결될 수 있음을 보여줄 수 있다. 자신의 이야기는 삶의 주인인 자신이 쓰는 것이기에 부끄럽지 않고 당당한 표현임을 강조하여 자유롭게 생각하여 쓸 수 있도록 유도해야 한다.

다) 공유의 장이 되는 일기 나눔

아이들이 쓴 일기는 각자의 추억이 되기도 하지만, 학기 말이나 학년 말과 같이 교사가 만들어주는 장을 통해 공유의 장이 될 수도 있다. 의외로 많은 아이들이 자신의 이야기가 다른 이에게 전달되기를 바란다. 일기의 공유를 위해서 교사는 학급신문, 학급문집, 일기장 전시회 등을 통해 이를 도울 수 있다. 물론 참여에 희망하는 아이들을 모아 진행해야 하는데, 이를 통해 서로의 생각을 공유하고 공감대를 쌓을 수 있는 기회를 마련할 수 있다.

라) 대화를 기록하는 일기가 되도록 돕는다

아이들이 직접 입으로 전하고 듣는 입말은 일기 글을 보다 생생하게 만들어 준다. 따라서 아이들이 직접 겪은 일을 대화글로서 표현하게 해야 한다. 이는 읽기에도 쉽고 쓰기에도 쉽기 때문이다.

다음은 대화가 들어간 일기의 하나의 예시이다.

성난 청소

오늘은 우리 모둠이 청소를 해야 한다. 그런데 매번 청소를 할 때마다 걱정이 된다. 역시 오늘도 우리 모둠은 성난 이들의 청소가 되었다.
"야! 놀지 말고 여기를 좀 쓸어라!"
"너나 잘해라. 자꾸 나한테 시비 걸지 말고."
"니가 맨날 딴 데 가려고 대충하니까 그렇지. 모"
"난 제대로 하고 있는데 왜 자꾸 시비를 거는데?"
지켜보던 나는 싸우는 친구들을 말리다가 금방 지친다. 도대체 언제 조용히 청소를 할 수 있을까?

이처럼 아이들이 일기를 쓸 때 대화를 넣게 하면 내용이 더욱 생생하고 풍부해질 수 있다. 이를 유도하기 위해 대화가 들어간 일기를 간헐적으로 보여주는 것도 좋다.

일기쓰기의 즐거움을 찾는 교육

일기를 통해 맞춤법이나 띄어쓰기와 같은 지도를 하지 않는다.
자유로운 사고를 할 수 있도록 지원한다.
공유의 장이 되는 일기 나눔
대화를 기록하는 일기가 되도록 돕는다.

4) 일기쓰기 교육을 위한 단계별 주의사항

자, 그렇다면 일기쓰기 교육을 위해 단계별로 주의해야 할 것들을 살펴보도록 하자. 일기에 꼭 들어가야 하는 것들은 최소한이면 좋다. 어떠한 형식들이 정해지면 그것은 속박이자 의무가 되어 버리기 때문이다.

그럼에도 불구하고, 일기에 반드시 들어가야 할 최소한의 요소가 있다. 바로 제목이다.

가) 제목 정하기

제목을 붙이는 것은 다른 설명하는 글, 주장하는 글 등에도 반드시 필요하듯이 일기에도 필요한 몇 가지 중 하나이다. 글의 내용을 압축해서 보여주는 효과가 있어 이를 쓰는 것은 글을 쓰는 힘을 기르는 것이기도 하다.

그런데 제목을 정할 때 아이들은 의외로 어려움을 느낀다. 이것이 어렵기 때문에 일기쓰기가 또 하나의 벽이 되기도 한다. 이를 돕기 위해 아이들의 오늘 하루 속 이야기들 중 제목으로 들어갈 만한 이야기를 두세 가지 정도 생각해 보게 한다.

제목 떠올리기가 아이들 입장에선 의외로 어렵다. 매일 비슷한 일이 일어나고 학교에서도 노는 것이 비슷하다고 생각하면 제목 짓기가 그 순간 고역이 된다.

이럴 때 교사는 아이들의 생각을 도울 수 있어야 한다. 떠올리기 쉽도록 다음과 같은 이야깃거리를 생각하도록 돕는다.

떠올린 제목은 앞으로 쓸 일기의 이야기의 방향을 잡아 준다. 이야기가

제목 짓기

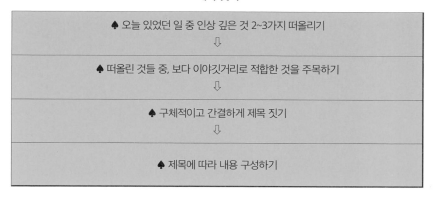

♠ 오늘 있었던 일 중 인상 깊은 것 2~3가지 떠올리기
⇩
♠ 떠올린 것들 중, 보다 이야깃거리로 적합한 것을 주목하기
⇩
♠ 구체적이고 간결하게 제목 짓기
⇩
♠ 제목에 따라 내용 구성하기

다른 길로 새지 않도록 방향을 제시해 주는 것이다. 그리고 제목거리를 떠올리면서 아이들은 절로 웃음을 짓는 등 다양한 표정을 짓게 되는데 이는 기억을 보다 생생하게 상기시키는 데 도움이 된다.

일기쓰기를 보다 편하게 돕는 이야깃거리

누군가에게 자랑하고 싶을 정도로 기쁜 일
속상하거나 억울한 일
다른 이들에게 밝히고 싶지 않을 정도로 비밀스러운 일
내 주변을 기쁘게 한 일
누군가에게 들려주고 싶을 정도로 재미있는 일

니) 날짜와 날씨 쓰기

제목이 정해진 다음에는 몇 안 되는 필수요소 중 하나인 날짜와 날씨를 쓰게 한다. 날짜는 당연하겠지만 그날이 언제인지를 알려주기 때문에 쓰는 것이다. 그렇다면 왜 날씨는 왜 써야 하는 것일까?

날씨를 쓰는 것은 '흐림', '맑음', '비가 옴' 등의 단순한 표현을 쓰기 위함이 아니다. 바로 보다 생생한 관찰력과 표현력을 기르기 위해 쓰는 것이다. '땀이 주르르 흘러 온 얼굴을 땀으로 적실 것 같은 날', '하늘이 슬픈 일이 있어 울 것 같은 날' 등 아이들이 우리가 매일 접하는 하늘을 직접 관찰하며 쓰게끔 하려는 목적이 있다.

다) 글로 표현하기

이렇게 제목과 날씨를 썼다면 이야기가 바로 나와야 하는데 이것이 어려울 수 있다. 이는 제목 짓기와도 연결된다. 제목이 바로 나왔다면 이야기도 수월하게 나온다. 따라서 제목 짓기의 과정에서 이야깃거리를 충분히 생각하도록 해야 한다.

제목이 잘 나와도 이를 자연스럽게 글로 표현하는 것이 중요하다. 이를 위해서 글을 마치 그림을 그리듯이 자세히 써야 하는 것을 일러 주어야 한다.

마치 그림을 그리듯이 써 내려가는 일기 글은 읽는 자신조차도 그날의 기억을 생생히 떠올릴 수 있게 한다. 따라서 대화 내용을 그대로 담거나 어떤 장면을 최대한 자세히 담아내며 쓸 수 있게 하면 좋다. 또한 배경이 자세하고 구체적으로 나타나게 적게 하는 것도 필요하다. 때와 장소를 구체적으로 나타나게 해야 일기 글에 더욱 몰입할 수 있기 때문이다. 이와 더불어 맞춤법이 틀려도 이는 일기 글의 생산에 걸림돌이 되지 않는다는 심리적 장치를 설치하면 좋다. 물론 맞춤법은 극복해야 할 부분이지만 아이들이 스스로 즐기는 일기쓰기가 되도록 하기 위해서 잠시 교과시간으로 미루고 아이들의 살아있는 표현을 유도하는 것이다.

이러한 방법으로 나온 일기는 쓴 이가 다시 직접 읽어볼 때 살아 숨 쉴 수 있다. 그날의 추억으로만 끝나는 것이 아닌, 쓴 이의 생생한 역사기록이 되기도 하기 때문에 이는 매우 중요하다고 할 수 있다.

일기쓰기 교육을 위한 지도 방법

그림을 그리듯이 자세히 쓰기
대화 내용을 그대로 담는 글쓰기
때와 장소가 구체적으로 나타나는 글쓰기
맞춤법에 연연하지 않는 글쓰기

자존감을 높이는 칭찬글쓰기 교육

교실에서 학생들의 모습을 관찰하다 보면, 자존감이 부족한 모습을 의외로 많이 볼 수 있다. 이렇게 많은 학생들이 자신을 사랑하고 존중하는 마음을 가리키는 '자존감'이 부족한 데에는 여러 가지 원인요소가 있다. 가정환경이나 교우관계, 성장배경, 누적된 일련의 경험 등이 작용한다.

자존감은 학생이 앞으로 살아가는 데 필수적인 부분이기 때문에 교육활동에서 자존감을 키워주는 것은 다른 무엇보다 중요하다. 그런데 자존감과 자존심이라는, 비슷하지만 다른 두 개념에 대한 이해를 학생들에게 먼저 제대로 알려줄 필요가 있다.

자존심과 자존감은 엄연히 다르므로 이에 대한 명확한 개념이해를 돕는 것은 필요하다. 먼저, 자신의 자존감 정도를 체크하기 위한 자기 검사를 하는 것도 좋은 방법이 된다.

자존감 vs 자존심

자존감의 개념	자존심의 개념
자신을 사랑하고 존중하는 마음	다른 사람이 나를 존중해주고 받들어주기를 바라는 마음

[표 6] 자존감 관련 자기평가문항 예시

번호	자존감 자기평가 문항	응답
1	긴장을 자주 하며, 다른 사람의 눈치를 자주 본다.	
2	다른 사람이 나를 인정해 주어야만 마음이 편안하다.	
3	다른 사람의 칭찬은 잘 받아들이지 못하지만 비난의 내용은 잘 받아들인다.	
4	내 자신이 어떤 사람인지 잘 모르겠다.	
5	티를 잘 내지는 않지만 속으로 토라질 때가 많다.	
6	스스로를 칭찬한 모습이 적다.	
7	후회하며 나를 탓할 때가 많다.	
8	어떤 일을 할 때 실패를 두려워하는 편이다.	
9	상대를 신경 쓰느라 정작 하고 싶은 말을 하지 못할 때도 있다.	
10	뭔가를 이루어야만 사랑을 받을 수 있다고 생각한다.	

위의 자기평가 점수가 높은 경우, 자존감이 낮은 편에 속한다. 교사는 학생들로 하여금 이 자기평가를 통하여 자신의 본 모습을 되돌아보도록 안내한다. 이때 이 평가는 비밀평가로서 오직 자신만 확인할 수 있게 안정적인 분위기를 연출하는 것이 필요하다.

자존감 지수가 낮게 나온 학생들은 보통 학교에서나 집에서의 생활이 주도적이지 못하며 행복함의 정도가 낮을 가능성이 매우 크다. 다른 사람과 나의 모습을 비교하며 부족한 점을 탓하거나 칭찬보다 자아비판에 익숙할 때가 많다. 이는 올바른 전인적 성장에 방해가 되는 근본적인 걸림돌이기에 이를 극복하고 자존감을 높일 수 있는 경험을 제공해야 한다. 이와 더불어 자존감 인식의 전환도 함께 도와야 한다.

자존감을 높일 수 있는 글쓰기 습관을 기르도록 하는 것은 교사로서 제공할 수 있는 올바른 인성교육의 한 일환이 될 수 있다.

자존감이 높은 학생들의 특징

스스로 생각하려고 노력하는 자율적인 모습을 보인다.
어떤 과제를 수행할 때에 질문을 던지는 경우가 많다.
다른 친구들과 나를 비교하는 것에 집중하기보다 자신의 장점을 살핀다.
긍정적으로 생각하려는 자세를 잘 견지한다.
작은 실패나 좌절에 매몰되지 않는다.

자존감이 높은 학생들은 대부분 위와 같은 특징들을 갖고 있다. 이는 앞으로 겪을 미래사회를 살아가는 데 있어 주도적인 역할을 수행하는 양분이 되기에 무척 중요하다고 할 수 있다.

그렇다면 아이들의 자존감을 향상시킬 수 있도록 어떠한 노력들을 기울여야 할까? 먼저, 나의 단점보다 장점을 먼저 살펴 스스로 칭찬할 수 있는 자세를 기르도록 해야 한다. 또한 다른 사람과 비교하지 않고 스스로의 성장에 주목할 수 있게 격려하는 것도 필요하다. 그리고 일상 속의 작고 사소한 것들을 관찰하며 이로부터 행복과 뿌듯함을 느낄 수 있는 긍정적인 자세를 갖도록 하는 것도 중요하다.

이러한 것들의 실천을 위하여 이루어지는 '자존감을 높이는 칭찬글쓰기 교육'은 올바른 학급문화로의 변화를 위한 작은 시작이다. 아이들이 생활 속에서 자연스럽게 칭찬에 익숙해지고, 칭찬글쓰기가 다른 사람만을 위하는 것이 아닌 스스로를 위하는 것이라는 생각으로, 학교생활을 능동적인으로 해나갈 수 있다. 물론 칭찬글쓰기가 자기중심적인 이기적 성찰이 되지 않도록 칭찬의 기준을 수시로 제공해야 함은 당연한 전제조건이다.

칭찬글쓰기를 위해서 먼저 아이들로 하여금 '칭찬하는 말'의 뜻과 용례를 알게 하여 이를 생활 속에서 활용하게 하는 것도 좋다. 보통 대부분의 아이들은 자신이나 다른 사람을 칭찬할 때 '잘했어', '굉장해', '좋아' 등의 일반적인 칭찬하는 말을 사용하는 경우가 많다. 하지만 보다 능동적인 칭찬글쓰기를 위해서는 다양한 칭찬언어를 알고 활용할 줄 알아야 하므로 이에 대한 교육이 꼭 필요하다.

칭찬언어와 관련된 학습은 국어 및 도덕 교육과정의 성취기준으로부터 이루어질 수 있다.

4학년 1학기의 도덕과 교육과정을 예로 든다면, 3단원 '아름다운 사람이 되는 길'에서 칭찬언어를 아이들과 함께 이야기 나누어 볼 수 있다. 외적인 아름다움, 내적인 아름다움, 도덕적 삶의 아름다움을 표현하는 말로 칭찬언어를 연계한다면 효과적이다.

칭찬글쓰기 교육 - 칭찬언어 활용(2015 개정 교육과정 관련 성취기준 예시)

도덕: [4도04-02]
참된 아름다움을 올바르게 이해하고 느껴 생활 속에서 이를 실천한다.

칭찬하는 말, 즉 칭찬언어에는 다양한 표현들이 있다. 따뜻함을 준다는 공통점을 갖고 있기에 아름다움을 표현하기에도 제격인 이 말들은 자존감 형성에 긍정적인 역할을 한다.

[표 7] 칭찬언어의 가치

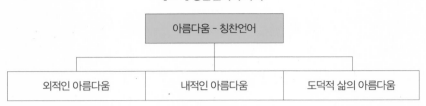

외적인 아름다움	내적인 아름다움	도덕적 삶의 아름다움

칭찬언어의 예시

부지런하다	용감하다	순발력 있다	차분하다
자상하다	배려심이 있다	관찰력이 있다	성실하다

[표 8] 칭찬언어 활동지 예시

칭찬언어를 활용한 생각그물 짜기

▶ 자신의 모습을 되돌아보고, 관련된 칭찬언어를 생각그물로 나타내어 봅시다.

예) 성실하다

예) 용감하다

이름

예) 창의적이다

이러한 칭찬언어는 그에 대한 명확한 개념이해를 돕고 올바른 사용 예시를 보여주어야 오용과 남용을 막을 수 있다. 예를 들어 '부지런하다'라는 뜻을 잘 모르고 사용하여 칭찬할 경우, 이는 잘못된 칭찬으로 이어져 진정한 자존감향상을 이룰 수 없다. '부지런하다'는 '어떤 일을 미루지 않고 꾸준히 열심히 하는 모습'을 가리키는 만큼, 아이들 스스로 해야 할 일을 제때 해낼 때 부지런하다는 표현을 사용할 수 있다고 알려주어야 한다.

이를 바탕으로 하여 본격적인 칭찬글쓰기[9]에 들어간다면 어떻게 해야 할까? 먼저, 사소한 것들을 관찰하는 힘을 길러주어야 한다. 작지만 이전에 비해 조금이라도 성장한 일이나 하고 싶지 않은 마음을 이겨내고 실천하였던 일들처럼 우리 생활 속에서 잘 보이지 않는 칭찬거리를 찾도록 하면 좋다.

칭찬글쓰기를 위한 관찰하는 힘 기르기

작지만 이전에 비해 조금이라도 성장한 일 관찰하기
하고 싶지 않은 마음을 이겨내고 끝내 실천하였던 일 관찰하기

관찰하는 힘을 기름과 동시에 여러 칭찬거리를 자신을 중심으로 주변에서 찾도록 유도한다. 예를 들어 나의 몸을 소중히 여기고 아낀 일 등 당연한 듯 보이지만 긍정적인 일들을 칭찬하게끔 예를 들어 설명하면 좋다.

이러한 준비가 갖추어졌다면 이제 칭찬글쓰기에 앞서 필요한 준비물을 아이들에게 안내하면 된다.

준비물은 간단하기 때문에 학기 초에 미리 학급 가용예산을 통해 준비

---

9) 도서 '자존감을 높이는 칭찬일기(파란정원,2019)' 참고

하거나 아이들이 직접 준비하도록 일러주면 된다. 첫째, 아이들에게 나누어 줄 수 있는 작은 수첩이나 다이어리, 그리고 둘째, 칭찬글쓰기에 보다 정성을 쏟을 수 있는 연필이나 색연필 등이 준비물이다.

칭찬글쓰기를 위한 준비물

칭찬글쓰기(칭찬일기)를 위한 작은 수첩이나 다이어리
칭찬글쓰기를 꾸밀 연필이나 색연필 등

준비가 되었다면 칭찬글쓰기에 꼭 들어가면 좋을 요소들을 소개하며 인지시켜야 한다. 최대한 자유롭게 열어주는 것을 목표로 삼되, 보다 구체적이고 생생한 칭찬글쓰기가 되도록 내용에 꼭 들어가야 할 몇 가지 핵심요소를 짚어주면 좋다.

칭찬글쓰기의 핵심 요소

① 칭찬하는 상황 + ② 칭찬하는 이유 + ③ 칭찬언어

※도서 『자존감을 높이는 칭찬일기』(파란정원, 2019) 참고

이렇듯 칭찬글쓰기는 아이들의 자존감을 높이는 동시에 글을 보다 구체적이고 생생하게 쓸 수 있도록 돕는 좋은 글쓰기가 된다. 또한 나를 솔직하게 되돌아 볼 수 있는 하나의 창이 되어 자기반성, 자기칭찬을 통해 내적으로 더욱 성장할 수 있는 토대가 되기도 한다.

아이들이 쓴 칭찬글쓰기는 다른 활동으로 이어질 훌륭한 소재가 되기도 한다. 예컨대 학급신문이나 학급문집에 삽입될 좋은 글의 소재가 되는 것이다. 특히 교과시간과 연계한다면, 다음과 같은 활동을 구성할 수 있다.

2015 개정교육과정 초등 1~2학년 국어과 성취기준

[쓰기] 2국 03-03: 주변의 사람이나 사물에 대해 짧은 글을 쓴다.
[듣기·말하기] 2국 01-06: 바르고 고운 말을 사용하여 말하는 태도를 지닌다.

예를 들어, 국어과 2학년 2학기 10단원의 차시학습의 주제로서 '바르고 고운 말을 사용해 칭찬하는 말을 하고, 칭찬하는 글을 쓸 수 있다'의 학습 목표를 세운다면, 수업에 이루어지는 하나의 활동으로서 '칭찬 도미노' 활동을 계획할 수 있다. '칭찬 도미노' 활동은 칭찬글쓰기가 다른 친구들을 향하여 이루어지는 양방향 소통이라고 할 수 있다.

칭찬 도미노 활동 - 칭찬글쓰기와 연계

① 일정 기간 친구를 관찰하고 칭찬할 점 찾기
② 친구를 향한 칭찬거리를 핵심요소로서 쓰기
③ 칭찬도미노 활동판에 칭찬거리를 공유하여 이야기 나누기
④ 앞의 ①~③의 과정을 약 2~3회 반복하기

이처럼 칭찬글쓰기는 국어, 도덕교과 등 다양한 교과 및 학급 특색교육으로서 확대될 여지가 크기에 교실에서 교육할 수 있는 훌륭한 글쓰기 교육 소재가 될 수 있다. 단순한 표현을 넘어 바른 심성함양과 깊은 교우관계 형성을 위한 발판이 된다면 효과적일 것이다.

학급 구성원 모두가 참여하는 학급신문 만들기

아이들과 함께 하는 매 활동으로 쌓이는 추억과 배움은 각자에게 내면화 혹은 외면의 성장 등의 모습으로 나타나지만, 이것이 원활히 기록되지 않았을 때엔 겉으로 잘 드러나지 않을 때가 있다. 각종 경험들은 그 과정들의 모습이 누누이 기록되지 않으면 성장의 모습을 찾아보려고 해도 찾기 어려울 때가 많다. 때문에 많은 학급에서는 아이들과 함께 글을 쓰는 시간을 가지려 노력하고 있다. 그 이름이 무엇이 되었든, 아이들의 배움, 경험들을 글로 쓰고 함께 나누는 과정을 통해 실타래를 이어가듯이 우리네 이야기를 한 편으로 묶으려 하는 것이다.

이렇게 매 쌓인 이야기들은 아이들의 글쓰기 활동을 통해 구체화된다. 이 이야기들은 후에 이루어질 학급문집의 소재로서도 훌륭히 쓰일 수 있다. 그런데 꼭 책 형태로 만들어지는 학급문집이 아니더라도 아이들의 글을 묶어 하나의 작품이자 함께 소통하는 무대로 만들 수 있는 또 하나의 장이 있다. 바로 '학급신문'이다. '신문'이라는 국어과 학습요소와도 연결되는 이 학급신문은 다음과 같은 독특한 특징들이 있다.

1) 편집과 제작이 용이하다

학급신문은 책의 형태가 아닌 큰 종이의 지면 여러 장을 한데 묶어 만드

[그림 4] 학급신문 양식의 예시

는 것이기에 학교 내 인쇄 장비(프린터, 복사기 등)를 사용하여 쉽게 만들 수 있다. 기본적으로 예를 들면, A3용지 크기의 컬러 인쇄 및 복사가 가능한 장비만 있어도 제작이 용이하다. 굳이 인쇄소에 가서 작업을 맡기지 않아도 다양한 재질의 종이가 있다면 학교에서 충분히 만들 수 있다. 또한 한 글 문서 편집프로그램을 이용하면 쉽게 편집도 가능하다. 기본 틀을 갖고 있으면 매 달, 혹은 매 학기마다 학급신문을 만들기는 쉽다.

물론 아이들의 글이 모인 공책과 활동사진 등이 함께 있어야 학급신문은 만들기 용이해진다. 이 부분은 학급문집을 준비할 때도 공통적으로 적용되는 부분인데, 학급신문은 만들어지는 데 필요한 그 양이 상대적으로 적을 뿐더러, 틀이 갖추어져 있다면 시간이 갈수록 적용하기 쉽기에 학급문집보다 더욱 활용도가 높다.

2) 학급문집을 만드는 바탕이 될 수 있다

학급신문은 학급문집과 별개의 것이 아니다. 학급신문이 결국 학급문집으로 연결될 수 있다. 물론 학급문집으로 반드시 가야 하는 것은 아니지만, 매 제작된 학급신문을 엮어 학급문집처럼 만들어 그 전체를 살펴 볼 수 있는 활용 가능성이 있다.

학급신문에 들어갈 내용을 넣기 위해서는 우선 다양한 아이들의 글을 모아 놓아야 한다. 되도록 다양한 갈래(운문, 산문, 희곡 등)의 글을 배움과 경험마다 모아 놓는 것이 좋다. 아이들에게 글을 쓰기 전에 반드시 알려주어야 하는 3가지 원칙과 함께 학급신문으로 만들 계획을 사전에 알려주어도 좋다.

글쓰기의 원칙 - 좋은 글이란?

♠ 솔직하고 거짓이 없는 글
♠ 감동이나 재미를 주어야 하는 글
♠ 자세하게 눈에 그려지듯 쓴 글

아이들의 글이 모이면 교사가 이를 읽어보고 살펴보는 과정이 필요하다. 미리 살펴 놓으면 후에 학급신문을 만들 때 굉장히 용이하다. 교사가 아이들의 글을 읽는 시간은 보통, 아침활동과 쉬는 시간, 점심시간, 혹은 방과 후 시간이 되는데, 사실 많은 교사들의 현실 여건 상 모든 아이들의 글을

매일 읽기는 쉽지 않다. 따라서 매일 아이들의 모든 글을 읽고 코멘트를 달아주는 것을 목표로 삼되, 교직원 회의, 업무 처리 등의 여러 가지 이유로 불가피할 때에는 아이들의 글에 표시를 달아주는 것만을 목표로 삼아도 좋다.

앞서 이야기 한 좋은 글의 원칙을 기준으로 삼아, 3단계로 표시하는 것도 하나의 좋은 방법이 될 수 있다. 가령, (☆☆☆/☆☆/☆)로 나누어 학급신문에 바로 실려도 좋을 글(☆☆☆), 학급신문에 바로 실리기엔 아쉽지만 조금 더 다듬으면 좋을 글(☆☆), 3가지 원칙에 부합하지 못한 글(☆)로 아이들 글 윗머리에 표시해 놓으면 학급신문에 넣을 글을 고를 때 매우 편리하다. 결국, 학급신문의 최종 편집장의 역할은 교사가 직·간접적으로 맡을 수밖에 없는데 교사가 쉽게 할 수 있어야 학급신문도 오래 이어질 수 있기에 이러한 사전작업은 반드시 필요하다.

3) 아이들의 성장을 살펴보는 창

학급신문은 나날이 성장하는 아이들의 모습을 살펴볼 수 있는 창이 될 수 있다. 학급신문에는 글뿐만 아니라 사진도 함께 들어 있어 아이들의 모습을 한눈에 알 수 있다는 장점이 있다. 아이들이 직접 쓴 생생한 글이 있기에 그 글을 들여다보면 아이들의 내면적 성장을 자세히 느끼게 된다. 단, 몇 가지 고려할 점이 있는데 학급신문에는 반드시 모든 아이들의 글이 한 편 이상이 들어가야 한다. 그 글이 운문, 산문, 수필 등 여러 갈래로 나타날지라도 모든 아이들의 글이 들어가 있어야 훌륭한 학급신문이 된다. 학급 구성원 모두가 참여해야 공동체의 이야기가 될 수 있기 때문이다.

물론, 교사의 글도 들어가면 좋다. 반드시 들어가야 하는 것이 아니긴 하지만, 교사의 글(교단일기 또는 아이들에게 바라는 글 등)이 들어가면 아이들과 함께 하고 있다는 메시지를 아이들에게 마음으로 전달할 수 있고, 평소 교사가 드러내지 않았던 여러 생각이나 속마음을 이야기할 수 있는 좋은 기회가 될 수 있다. 또한 더 나아가, 학부모의 글을 지면의 한 부분에 재미있는 형식으로 넣는다면 더욱 풍부한 지면이 될 수도 있다. 교육의 3주체(교사, 학생, 학부모)가 모두 함께 하는 학급신문이야말로 진정으로 살아있는 학급신문이기 때문이다.

4) 학부모와의 소통의 도구

학부모의 입장에서 아이들의 교실 속 삶의 모습이 궁금한 것은 당연하다. 이 궁금증을 풀기 위하여 학교 현장에서는 학부모와 교사의 상담, 혹은 학급 누리집 등의 다양한 창을 통해 소통하고 있다. 그런데 교사가 말로 전달하여 주는 이야기도 좋지만, 아이들의 이야기를 직접 공유하게 된다면 이는 더 효과적인 소통의 도구가 될 수도 있을 것이다. 학급신문은 이러한 점에서 학급문집과 궤를 같이 한다. 가정과 학교가 이어지는, 보다 확실한 끈으로서 학급신문이 역할을 수행할 수 있는 것이다. 학부모는 학급신문을 통해 학급에서 어떠한 배움이 일어나고 있는지, 아이들의 교우관계는 어떠한지, 내 아이는 어떻게 성장하고 있는지 등에 대해 직·간접적으로 느낄 수 있다. 더 나아가 학부모가 학급신문의 한 지면에 참여함으로써 자녀와 학부모 간의 훌륭한 소통의 창이자 추억의 산물을 만들 수도 있다.

5) 폭넓은 지면의 활용

학급신문은 만들기 나름이다. 적게는 A3용지 4장부터 시작하여 많게는 A3용지 10~12장 내외까지 만들 수 있다. 이 지면은 기본적인 틀로부터 자유롭고 창의적인 틀로 얼마든지 활용할 수 있다. 틀과 형식을 차치하고서라도 안에 들어가는 내용과 주제가 독특하고 창의적으로 표현될 수 있다.

예시처럼 교사와 학생이 구상하는 내용에 따라 학급신문은 자유롭게 만들어질 수 있다. 한편, 학급신문은 교사가 전 과정을 편집할 수 있지만, 고학년의 경우에는 아이들 중 몇 명을 이른바 '편집 모둠'으로 만들어 편집에 참여하게 할 수 있다. 아이들이 자율적으로 편집에도 참여하여 스스로 만들었다는 '진정한 학급신문'의 가치를 부여할 수 있는 것이다.

학급신문에 들어가는 내용 예시

아이들의 일기 글
학교·학급행사의 이야기
담임교사의 글(교단일기 등)
학부모의 글(아이에게 보내는 편지 등)
아이들의 작품 (시, 수필, 그림 등)
친구들에게 보내는 편지글
기자 인터뷰
4컷 만화 코너
'칭찬합니다' 및 '사과합니다' 코너
우리 반 앙케이트 조사
'함께 읽고 싶은 책 소개' 코너
공지사항 알림 코너

편집 모둠이 만들어지면 아이들은 교사와 함께 들어갈 글을 분류한 후에 지면을 구성할 방식을 정한다. 어떠한 코너를 넣을 것인지, 지면의 양을 얼마나 할지, 글씨체와 크기는 어떻게 할지 등에 대해 함께 고민할 수 있다. 이때 편집 모둠의 학생들은 적극적으로 참여하여 교사와 함께 분류한 글을 직접 한글 문서편집프로그램으로 준비해 올 수도 있다. 이러한 과정을 거치면 교사는 더 손쉽게 학급신문을 제작할 수 있다.

학급신문의 편집과정

♠ 학급신문에 들어갈 글 선정 및 분류
⇩
♠ 지면의 구성 및 양 정하기
⇩
♠ 편집 요소(글씨체와 크기 등) 정하기
⇩
♠ 지면의 구성에 따른 내용 첨삭 및 편집

물론 이러한 '편집 모둠'에 관하여 반 전체 아이들에게 사전에 안내하고 선발하는 과정이 필요하다. 주기적인 편집 모둠의 교체를 통해 아이들이 글쓰기에 흥미를 가질 수 있게 하는 것도 좋은 방법이다. 편집 모둠의 선발에 적용되는 기준을 제시한다면 격려하기에 더욱 용하다. 그 기준은 앞서 말한 '좋은 글의 기준, 3가지 원칙'을 제시하면 좋다.

학급신문은 아이들과 교사를 함께 연결해주는 하나의 소통의 창이자, 글쓰기 교육의 집약적 결과물이 될 수 있다. 아이들의 글은 하나로 묶여 서로 공유할 때 더욱 빛이 날 수 있기 때문이다.

학급신문의 장점 및 가치

편집과 제작의 용이: 한글 문서편집프로그램과 학교 내 인쇄 장비 활용
학급문집과의 연계: 학급신문은 학급문집을 만드는 기초가 됨
아이들의 성장을 살펴보는 창: 학급신문을 통해 나날이 발전하는 아이들의 모습을 살필 수 있음
학부모와의 소통 도구: 가정과 연계한 소통 및 상담에 활용
폭넓은 지면의 활용: 독특하고 창의적인 구성 가능

옛이야기로 함께하는 글쓰기 교육

글쓰기의 즐거움은 글을 읽는 즐거움과 비례한다. 글읽기가 재미있으면 글쓰기도 쉽고, 자신이 쓴 글을 다시 읽는 즐거움도 더불어 늘어난다. 이처럼 글쓰기를 지도하기 위해선 먼저 아이들에게 글읽기가 얼마나 재미있는지 알려주는 것이 필요하다. 옛이야기는 그를 위한 매우 좋은 방법이다.

아이들이 어떤 책을 선택하여 읽고 싶어 하는지를 알고 싶다면 아이들이 글을 읽거나 들을 때 보이는 반응을 살피면 된다. 내용이 아무리 중요해도 그 전달방식이 재미없거나 내용이 어려우면 아이들은 글읽기를 스스로 이어가지 못한다. 쉽고 재미있는 글일 때야 아이들은 비로소 미소를 짓는다.

아이들이 읽고 싶어 하는 글

♠ 재미있는 글
♠ 감동을 주는 글
♠ 대화하듯이 내용이 쉽게 전달되는 글

아이들이 스스로 즐겨 읽고, 또 그것을 읽고 생각을 나누면서 자신의 글로 만들어낼 때 글쓰기는 자연스럽게 성장할 수 있다. 그러한 면에서 재미있는 글이나 감동을 주는 글, 아이들의 입말과 같이 내용이 쉽게 전달되는 글은 가치가 있다.

아이들에게 어떤 글을 주어야 할까?

♠ 재미와 감동을 느낄 수 있는 글을 제공하기
♠ 많이 읽기보다 깊게 읽을 수 있게 돕기
♠ 간결하고 쉽게 쓰여 있는 글을 제공하기

옛이야기는 그 갈래와 종류가 굉장히 많다. 전승되는 이야기의 성격은 여러 유형으로 나누어진다. 그중 인물 중심의 유형으로 나누어 보면 다음과 같은 예시가 있다.

[표 9] 옛이야기의 유형 - 인물

창세형 인물	신선형 인물	도승형 인물	귀신형 인물
이인형 인물	군은형 인물	효우형 인물	부덕형 인물
보은형 인물	우인형 인물	편벽형 인물	청빈형 인물
처세형 인물	현자형 인물	용맹형 인물	지략형 인물
해학형 인물	재치형 인물	결연형 인물	횡포형 인물

이러한 갈래별 옛이야기는 한 기준에 따라 아이들에게 제시된다. 그 기준이란, 교사가 교사의 눈으로 재는 잣대가 아니다. 여러 교훈, 의도, 방향성을 지나치게 고려하지 않고 아이들이 접하기에 '쉽고 재미있는 글'이라는 기준이다.

옛이야기를 읽고 나서 활용할 수 있는 글쓰기 교육의 방식은 다양하다. 옛이야기 속의 여러 장치들은 아이들의 상상력을 자극하기에 충분하다.

많은 옛이야기 속 인물들은 현실에서 자주 접할 법한 평범한 이들일 때

옛이야기 활용 글쓰기 교육의 여러 가지 방법

♠ 뒷이야기 상상하여 글쓰기
♠ 주인공을 바꾸어 글쓰기
♠ 결말을 바꾸어 글쓰기

가 많다. 이는 전승되어 온 이야기가 사람들의 공감을 이끌어 내는 이야기 임을 가리킨다. 예컨대, 바보와 게으름뱅이와 같은 이들이 얻는 우연한 행복과 운은 그 상처를 이야기를 통해 치유하고자 함에 있다. 또한 평범한 이가 고생을 겪으며 노력 끝에 얻는 복은 많은 이들의 대리만족을 통해 기쁨을 느끼게 함에 있다.

옛이야기 속에 담긴 장치들은 간혹 비현실적이고 단순할 때가 많다. 예를 들어, 호랑이 뱃속에 들어간 소금장수가 호랑이 고기를 뱃속에서 구워 먹는 이야기에서는 '소금장수'인 이유가 고기에 간을 치기에 좋기 때문이다. 이러한 설정은 아이들의 흥미와 관심을 일으키기에 매우 좋다. 이는 아이들이 옛이야기를 활용하여 글쓰기를 할 때 비슷한 성격의 이야기가 전개된다 하더라도 교사가 이를 허용해 주어야 함을 말한다. 현실적인 잣대, 교훈적인 잣대와 같은 어른의 눈으로만 본다면 그 상상력은 막히기 때문이다.

[표 10] 옛이야기 활동지 예시

내가 읽은 옛이야기		이름	
옛이야기의 뒷부분을 상상하여 이야기 만들기			

시 쓰기로 한해살이

1) 왜 하필 시인가

> 글자만 알면 모든 어린이들이 시를 쓸 수 있다. **-이오덕-**
>
> 어린이는 모두 시인이다. 본 것, 느낀 것을 그대로 노래하는 시인이다. **-방정환-**

아이들과 지내다 보면 세상에 말을 내어놓고 사는 것이 참 중요하면서 어려운 일임을 깨닫는다. 요즘 같은 언어의 홍수 속에서 감동을 주는 말이란 과연 어떤 걸까. 빼어난 수사, 매끄러운 문체, 수려한 화법. 차고 넘치는 말 속에서 교사들이 귀 기울여야 할 것은 다름 아닌 아이들의 생활 언어다. 거침없이 툭툭 내뱉는 진심과 합당하고 정직한 표현들. 그 말들을 귀담아 들으면 아이들이 보이기 시작한다. 그리고 그 말들은 그대로 시가 된다.

교육과정에서 다루는 시들은 공감 면에서, 흥미 면에서, 감동 면에서 어쩐지 늘 아쉽다. 주제를 주고 시 쓰기를 하노라면 어디선가 들어봄직한 남의 이야기를 쓰는 아이들의 습관도 마음을 무겁게 한다. 쓰는 아이들의 마음에는 되려 무게가 있을까. 영혼 없는 글씨 쓰기와 시 흉내 내기가 아닌, 내 속마음을 풀어내고 생각을 담아내는 시 쓰기로 마음과 생각을 넓히는 일이 의미있게 느껴지는 지점이다.

겪은 일을 말과 글로 풀어내는 경험을 넉넉히 하면 자연스럽게 시를 쓰게 된다. 이로써 마음을 넓히고 생각을 키워 보려는 것이다. 그러니 국어 수업 몇 시간에 걸칠 일이 아니다. 시 쓰기로 아이들이 자기 말을 내어놓고 세상에 나를 드러내게 해 보자.

2) 한해살이 얼개 짜기

가. 시 놀이터	나. 말꽃 글꽃 노래꽃	다. 시야, 놀자	라. 내가 처음 쓴 시
시가 내게로 왔어요 노래꽃 감상실 놀이가 밥이다	말놀이 글놀이 멋대로 맛대로 맘대로 노래처럼 살고싶어	시 따먹기 시 똥누기	시에 집 지어주기 시 낭송회 시집 발간

(1) 우리 반은 시 놀이터

[표 11] 우리 반은 시 놀이터

활동 내용	시가 내게로 왔어요	노래꽃 감상실	아이들은 놀이가 밥이다
의도	★자연스럽게 시를 접하는 분위기 ★좋은 시를 즐기며 시와 친해지기	★시로 만든 노래CD 목록 갖추기 ★아침 시간 및 국어 시간 부르기	★놀이하고 어울리며 마음 풀기 ★노래에 나오는 놀이하기
운영 내용	• 오늘의 시 한줄 • 이 주의 동시 • 벽시 그리기 • 시 액자 만들기	• 교실 속 시 노래 감상공간 • 음반 목록 선정 및 음원 마련 • 생활 속 노래꽃 피우기	• 시 노래로 만들어진 놀이하기 • 전래놀이와 옛놀이로 장난감 없이도 노는 아이 되기 • 함께 하는 놀이의 즐거움 알기

시 놀이터 활동모습

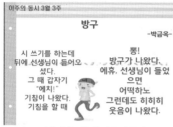

시가 내게로 왔어: 이 주의 동시

시 액자 만들기

노래꽃 감상실: 백창우 노래창고

아이들은 놀이가 밥이다: 물총놀이

아이들은 놀이가 밥이다: 딱지놀이

아이들과 시를 읽고 쓰며 살아가기 위해 제일 먼저 교실을 시를 많이 접할 수 있는 공간으로 만들어야 한다. 좋은 시를 읽어주거나 게시하고, 시 노래로 유명한 백창우의 노래상자나 굴렁쇠 노래패의 음원, 또 편해문이 모으고 가린 옛노래를 자주 들려주어 시를 노래처럼 즐길 수 있게 한다. 더불어 함께 어울려 놀 수 있는 기회를 많이 주어 쓰고 싶은 것들이 많아지도록 한다. 아이들을 놀이 속으로, 자연과 사물과의 만남 속으로 이끌어 맺힌 마음을 풀고, 놀이와 노래에 담긴 흥과 재미를 알게 하며, 주변의 것들에 관심을 갖도록 이끈다.

(2) 말꽃 글꽃 노래꽃

[표 12] 말꽃 글꽃 노래꽃

활동 내용	말놀이 글놀이	멋대로 맛대로 맘대로 시읽기	노래처럼 살고 싶어
의도	★말과 글의 재미 알기 ★음성학적 표준 발음 ★말맛, 글맛 알기	★시 다양하게 읽기 ★시의 맛 살려 읽기 ★내 흥에 겨워 읽기	★노래로 마음 풀기 ★노래와 시와 친구임을 알기
운영 내용	• 초성책 만들기 • 글자 낚시 • 흉내내는 말	• 몸짓으로 읽기 • 소리내어 읽기 • 물건으로 읽기 • 5자로 말해요	• 굴렁쇠 노래패 • 나팔꽃 시 노래 동인 • 백창우 노래창고 • 권정생/이오덕/ 임길택 노래상자

말꽃, 글꽃, 노래꽃 활동모습

말놀이 글놀이: 초성책 만들기

멋대로 맛대로 맘대로 시 읽기: 몸으로 시 읽기

물건으로 말해요

말놀이 동시집

노래처럼 살고싶어: 동요 콘서트

하고 싶은 이야기(뜻)가 있는데 이것이 입에 닿으면 입말이고 글에 닿으면 글말이 된다. 말꽃은 말로 피워낸 꽃으로 문학을 뜻하는 토박이 말이다. 놀이, 노래, 이야기가 모두 말의 예술인데 문학이라는 한자말이 글의 예술만을 가리키기에 이를 모두 품어줄 마땅한 말로 찾은 것이다.[10] 그러나 여기서는 직관적인 이해를 돕기 위해 입말로 피워낸 꽃은 말꽃, 글말로 피워낸 꽃은 글꽃, 말과 글에 노래를 붙인 것은 노래꽃[11]으로 이름 지었다.

말꽃 글꽃 노래꽃 활동은 국어교과를 기능과 도구의 교과가 아니라 언어로서 사유하도록 하게 하는 본질적 교과로 인식하는데서 출발한다. 얼과 생각을 담는 그릇 이전에 얼과 생각을 가능하도록 하는데 말과 글에 큰 힘이 있다고 생각하는 것이다. 이에 말하고, 듣고, 읽고, 쓰는 경험을 넉넉히 하면 시 쓰기가 자연스럽게 이루어진다고 생각하여 아이들의 국어 수업 장면을 위의 활동으로 풀어내었다.

3) 시야, 놀자

(1) 시 따 먹기 활동 (시 다양하게 읽기)

소리내어 말해요	몸으로 말해요	물건으로 말해요	5글자로 말해요
판소리나 랩, 즉흥곡을 붙여 흥겹게 시 읽기	교육연극 활용	사물의 속성을 떠올려 내 마음을 물건에 나타냄	느낌을 5자로 말하며 함축, 운율의 요소를 배움

시야, 놀자는 시를 배우는 수업 장면에서 쓰는 활동이다. 우선, 시 따 먹

---

10) 김수업, 「말꽃 타령」에서 요약함

11) 김수업은 앞의 책에서 예술을 '삶꽃', 시를 '노래말꽃'으로 바꾸어 쓴 바 있다.

기 활동은 제재가 비교적 짧은 시를 읽는 데 있어 아이들이 좀 더 오래 머물 수 있도록 하기 위한 장치들이다. 다시 말하면 다양한 방법으로 시를 대하고 자세히 들여다보기 위한 기법에 지나지 않는다. 따라서 제시된 방법을 교사가 주도하여 그대로 연습하기 보다는 예시적 성격으로 제공하고, 아이들이 하고 싶어하는 활동에 근거하여 시를 여러 번 읽도록 하는 것의 힘이 훨씬 세다.

(2) 시 똥 누기 활동

솔직하게 쓰기	속상한 마음풀기
싫어 내 별명 김○○ 나는 별명이 싫다 놀리는 별명이니까 여자애들이 그래서 싫다 자기들은 아직 이빨도 안 빠졌으면서 선생님은 주로 또또라고 부른다 이름을 불렀으면 좋겠다	나는 친구가 좋다 이○○ 나는 친구가 좋은데 친구는 나를 싫어한다고 했다 내 친구는 다른 친구가 좋다고 했다 나는 기분이 안 좋다고 했다
사물에 말 걸기	사랑의 마음으로 보기
풍선 이○○ 풍선은 먼 나라를 여행한다. 그러다가 벼락이라도 맞으면 아플까? 난 그게 무섭다	하수구 김○○ 하수구가 없으면 물에 잠기게 된다 게다가 학교도 못간다 하수구가 있어서 비가 많이 오지만 하수구로 들어간다 하수구는 아주 멋있다. 나도 하수구면 좋겠다

나와 비교하기	사람처럼 생각하기
오이 이○○ 오이를 먹었다 오이는 왜 따가울까 오이는 방어막이 있어서 좋겠다 나도 오이였으면 좋겠다 잡기 놀이할 때 안 잡히면 좋겠다	철썩철썩 비 박○○ 툭툭 비 밖을 보니 비가 오는데 비가 바닥을 때리는 거 같다 비가 때리면 바닥이 아야! 아야!
발견하기	닮은 점 찾기
선생님의 전화 대화 박○○ 선생님이 전화를 할 때 네 네 네 네 선생님은 계속 네만 해요	가시 이○○ 장미는 가시가 있다 난 장미를 만지고 싶은데 못 만진다 오이도 따갑다 예쁜 것은 따갑다
자연에 말걸기	다른 점 찾기
구름이 운다 박○○ 구름이 울면 구름이 흘린 눈물이 비가 된다 톡톡 툭툭 콕콕 빗방울 소리 근데 구름은 울면 어떤 마음알까	에프킬라 최○○ 우리는 약을 먹고 낫는 것인데 왜 지네와 모기같은 것은 약을 뿌리고 죽을까

시 똥 누기는 시를 다양하게 읽고 나서 시 쓰기 활동에서 활용된다. 마음을 움직이는 글을 만나면 아이들은 너나없이 자기 목소리를 내고 싶어한다. 주제는 쓰고 싶은 것을 쓸 수도 있고 때론 주어질 수도 있다. 함께

겪은 일이 있다면, 각자 시를 쓰고 함께 나누면서 더 많은 이야깃거리를 내어놓을 수 있다.

(3) 내가 처음 쓴 시

[표 13] 내가 처음 쓴 시

활동 내용	시에 집 지어주기	시 낭송회 및 시집 발간회
의도	★쓴 시를 모아 시집 만들기 ★교육활동의 결과물 모으기	★의미가 드러나게 띄어 읽기 ★시집 발간 및 기념회
운영 내용	• 헌 탁상달력에 도화지를 붙이기 • 생각 모아 시집의 이름 정하기	• 시 낭송을 통해 띄어 읽기에 관한 성취기준 자연스럽게 익히게 됨 • 교육활동의 매듭

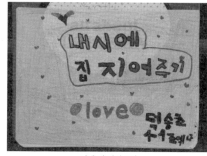
시에 집 지어주기

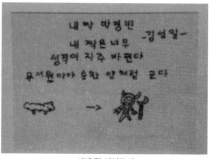
시에 집 지어주기

시 낭송회

시집 발간회

한해살이의 결과는 차시와 단원과 성취기준 도달에 대한 평가보다 학습시집이라는 형식으로 산출물을 만들고, 공유하는 자리로 기획될 때 더욱 값지다. 차시나 단원의 평가 결과물로 시 쓰기를 다루기에는 아이들의 배우는 속도가 글의 맛과 멋을 느끼기에 시간 면에서 방법 면에서 제약이 크다. 다소 긴 시간의 흐름 속에서 자신의 호흡과 성장을 담아낼 수 있기 위해서는 적어도 한학기나 한 해 정도의 시간 안에서 아이들을 바라보고 기다릴 수 있어야 한다.

시집 발간 기념회 소감 나눔

2014학년도 덕송초등학교 1학년 아이들

백영현 시집을 받으니 더 새로운 마음이 들어서 즐거웠어요.

김성일 1년동안 시 쓴 게 다 모여 있어서 기분이 너무 좋아요.

김아중 애들이 원래 시 쓸 때 안 보여줬는데 다른 아이들 시를 볼 수 있어서 재밌었었요.

최종욱 시 책을 받으니까 진짜 시가 된 게 신기했어요.

조성아 시집을 받으니까 진짜 작가가 된 것 같아요.

김진식 연솔이 마주이야기가 너무 재밌어서 마음이 난리가 났어요.

신진호 친구들 시를 보니까 너무 웃겼어요. 권○○ 똥싼 게 특히요.

류연솔 시집이 너무 재미있어서 만화책처럼 넘겨 읽을 수 있을 것 같아요

박지효 친구들 시도 많이 못봤는데 볼 수 있고 1년 동안 내가 쓴 시를 다 까먹었는데 다시 보니까 정말 좋았어요.

박정현 제 시를 썼는데 재미없는 내용이 있을까봐 걱정했는데 다른 친구들 시를 보니까 재밌었어요.

박경빈 시공책에서 쓰는 건 재미없기도 했는데 시집에서 진짜로 보니까 다 재미있어요.

이승민 이 시집을 받으니까 마음이 좋고 정말 작가가 된 것 같아요.

김신아 이 시집을 집에 가져가면 엄마아빠가 너무 좋아할 것 같은데 동생은 찢을 수도 있으니 안보여 줄거예요.

최서인 이걸 보면서 정리가 잘 된 것 같고 마지막에 선생님이 쓴 별명이 재미있어요.

오상렬 시 쓰기 할 때 재미없었는데 이렇게 받으니까 재미가 나요.

윤여준 형아한테 보여주면 형아가 재미있어 할 것 같아요.

한성빈 다른 친구들 시를 봐서 좋고, 류OO 팬티 안 입은 마주이야기가 웃겼어요.

권시윤 제가 쓴 시가 재미있었어요.

이현희 선생님이 글자를 틀리긴 했지만 일년동안 제가 시를 잘 썼는지 몰랐어요.

이시은 엄마아빠 보시면 좋아하실 것 같아요. 빨리 자랑하고 싶어요.

조예나 기분도 좋고 엄마한테 보여드리면 엄마가 이거 매일 보실 것 같아요

4) 아이들이 말하는 시 쓰기의 즐거움

세상에 배울 것이 모두 정해져 있고, 해야 하는 말과 써야 할 글의 내용이 정해져 있다면 아이들은 무엇을 배울 수 있을까. 그 배움은 진정 아이들의 것이 될 수 있을까. 배움의 내용보다 배우는 관계와 배우는 방식이 중요하다는 것은 여러 연구에서 이미 밝혀진 바 있다. 시를 쓰는 이유와 목적을 이미 자기 말로 정리할 수 있는 아이들에게 시를 어떻게 쓰라는 말은 더 이상 의미 있는 말이 아닐지도 모르겠다.

정유숙
2014년 7월 2일

요즘 바쁜 핑계로 시쓰기를 잘 못했어요.
학기말 진도도 밀려있고 행사들이 많아서 시간 내기가 어려웠거든요.
오늘은 아이들이 왜 시를 안 쓰냐며 묻네요.
몇몇은 쉬는 시간에 시 공책을 집어가서 써도 되냐고 묻기도 하더라고요.

현희 : 선생님, 요새 왜 말꽃... 그거 시 안 써요?
선생님 : 요새 시를 통 못 썼지. 현희 시 쓰고 싶니?
현희 : 네. 저는 시 쓰는게 좋아요.
선생님 : 그래? 반가운 소리네. 왜 좋은데?
현희 : 왜냐하면요. 시를 쓰고 나면 하고 싶은 말을 쓰니까
마음이 시원해져요.

아..... 제 의도와 바람을 이렇게 정확하게 이해해 주다니요.
여덟살 현희가 요즘 지쳐있던 제 몸과 마음을 환하게 치유해 줍니다.
전 요즘 욕심이 많아서 힘들었나 봐요.
아이들도, 학교 일도, 집안 일도, 어느 것 하나 마음처럼 안된다고 생각했거든요.
기대치와 제 기준, 눈높이, 저의 잣대들이
제 마음을 선 긋고 깔보고 힘들게 했었나 봐요.

저도 오늘은 시 한편, 아니면 일기라도 써야겠어요.
마음이 좀 시원해지게.....

비소식이 있네요. 퇴근길 운전 조심하세요.

빛내기 2개   답글 5개

| 빛내기 | 답글 | 나누기 | ... |

이재령 확실히 현희는 속이 꽉찬 아이같아요~~^^
2014년 7월 2일 · 답글 · 빛내기   ...

김주영 시가..아이들에게 그런역할을 해주는군요....
2014년 7월 2일 · 답글 · 빛내기   ...

이재령 상렬이도 시 쓰는게 재미 있다고해서. .살짝 놀랬네요
2014년 7월 2일 · 답글 · 빛내기   ...

권시윤 부모 갑자기 예쁜 마음씨 현희가 궁금해집니다~~^^
2014년 7월 2일 · 답글 · 빛내기   ...

성일맘_이은미 그러게요. 시쓰기가 정서에도 좋은것 같아요.
성일인 가끔 집에서도 시를 쓴답니다. 시를 그닥~~좋아하지 않았던 엄마여서^^; 그모습이
신기하고 이뻐 스크랩해놓았어요.
2014년 7월 2일 · 답글 · 빛내기   ...

3장
교육과정과 함께하는
글쓰기 교육

교육과정 속 글쓰기 교육의 방향

교육과정이란 흔히 교사가 수업을 통하여 학생에게 가르쳐야 할 내용을 의미한다. 또한, 교육과정은 가르칠 내용을 선정하는 주체에 따라 다음과 같이 나뉠 수 있다. 국가 수준에서 국가, 시대적 상황을 고려하여, 가르칠 내용을 선정하여 제시하는 교육과정을 국가교육과정이라고 하며, 교사 수준에서 교실 환경, 학생 특성을 고려하여 가르칠 내용을 선정하여 제시하는 교육과정을 교사교육과정이라 한다. 이에, 본 장에서는 국가교육과정과 교사교육과정으로 구분하여, 글쓰기 교육의 방향을 제시해보고자 한다.

우선, 국가교육과정은 특수성보다 보편성을 지향한다. 그렇기 때문에, 교실 속 학생 하나하나의 특성을 고려하여 가르쳐야 할 내용을 선정하는 것이 아니라, 국가에 속하는 모든 학생들을 대상으로 가르쳐야 할 내용을 선정한다. 즉, 대한민국 교육과정을 이수한 학생이라면 누구나 도달하기를 희망하는 기준을 바로 성취기준으로 설정하여 제시하는 것이다. 또한, 국가교육과정은 이러한 성취기준을 선정함에 있어서, 지금 시대를 살아가는 데 있어서, 그리고 다가올 미래 시대를 살아가는데 있어서 필요한 능력을 고려하게 된다. 그렇다면, 국가교육과정 속에서 글쓰기 교육은 어떻게 나타나 있을까?

글쓰기 능력은 사람들이 기본적인 삶을 영위하기 위해 필요한 3R's 요소들(읽기(Reading), 쓰기(Writing), 계산(Arithmetic)) 중 하나로서, 교과보다 상위 개념에 속한다. 따라서 국가교육과정에서도 글쓰기 교육을 어느 한 교과에 국한시키지 않는다. 이는 아래 교과별 성취기준을 제시한 표를 보면, 어렵지 않게 확인할 수 있다.

[표 14] 글쓰기와 관련한 2015 개정 교육과정 성취기준

[6국03-01] 목적이나 주제에 따라 알맞은 내용과 매체를 선정하여 글을 쓴다.

[6사04-03] 일제의 침략에 맞서 나라를 지키고자 노력한 인물의 활동에 대해 조사한다.

[4도01-03] 최선을 다하는 삶을 위해 정성과 인내가 필요한 이유를 탐구하고 생활 계획을 세워본다.

[6수05-05] 실생활에서 가능성과 관련된 상황을 '불가능하다', '~아닐 것 같다', '반반이다', '~일 것 같다', '확실하다' 등으로 나타낼 수 있다.

[4과09-01] 일상생활에서 물체의 무게를 측정하는 예를 조사하고 무게 측정이 필요한 이유를 설명할 수 있다.

[6실05-09] 생활 속의 농업 체험을 통해 지속 가능한 생활을 이해하고 실천 방안을 제안한다.

[6체05-04] 운동 시설 이용 시 발생할 수 있는 안전사고의 종류와 원인을 탐색한다.

[6음03-03] 우리 지역에 전승되어 오는 음악 문화유산을 찾아 발표한다.

[4미03-03] 미술 작품에 대한 자신의 느낌과 생각을 발표하고, 그 이유를 설명할 수 있다.

[6영04-04] 실물이나 그림을 보고 한두 문장으로 표현할 수 있다.

[표 1]과 같이, 글쓰기 교육은 특정 교과에 제한받지 않고, 모든 교과에서 교과별 특징에 맞추어 이루어지고 있다. 물론, 국어와 영어는 언어를 가르치는 교과의 특성상 '쓰기'라는 영역을 별도로 두고, 글쓰기 교육을 단계적으로 제시하고 있다. 하지만 수학, 사회, 과학은 물론 기능 교과로 간주되기도 하는 실과, 체육, 음악, 미술까지도 각 교과별 상황을 고려한 글쓰기 교육을 제시하고 있다.

2015 개정 교육과정에서는 학생들이 각 교과별 성취기준에 도달함으로써, 핵심역량[12]을 함양하게 되고, 핵심역량을 함양함으로써, 2015 개정 교육과정이 추구하는 인간상[13]으로 길러지게 될 것이라고 기대하고 있다. 즉, 국가교육과정에서는 글쓰기 능력을 사람들이 기본적인 삶을 영위하는 데 있어서 기본적인 능력으로 보고, 전 교과에서 각 교과의 특성과 상황을 고려한 글쓰기 교육을 실시하고 있다. 따라서 글쓰기를 가르치는 교사도 글쓰기 교육을 한 교과에 얽매일 필요가 없다.

다음으로 각 단위 교실에서 실행되는 교사교육과정 차원에서 글쓰기 교육의 방향을 살펴보고자 한다. 국가교육과정과 비교하여, 교사교육과정의 가장 큰 특징은 바로 가르칠 내용을 선정하는 주체의 차이다. 즉, 국가교육과정은 가르칠 내용을 선정하는 주체가 국가라면, 교사교육과정에서 가르칠 내용을 선정하는 주체는 바로 교사가 된다. 즉, 교사는 가르칠 내용

---

12) 2015 개정 교육과정에서는 자기관리 역량, 지식정보처리 역량, 창의적 사고 역량, 심미적 감성 역량, 의사소통 역량, 공동체 역량을 핵심역량으로 제시하고 있다.
13) 2015 개정 교육과정에서는 자주적인 사람, 창의적인 사람, 교양 있는 사람, 더불어 사는 사람을 추구하는 인간상으로 제시하고 있다.

을 선정함에 있어, [표 15]와 같이, 국가교육과정에서 제시하는 성취기준과 배움에 대한 학생들의 욕구, 다시 말해, 학생들이 배우고 싶어 하는 것이 무엇인지 함께 고려할 수 있어야 한다.

[표 15] 교사교육과정에서 교사가 가르쳐야 할 내용

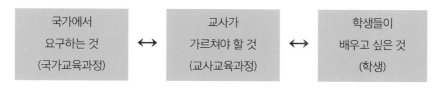

글쓰기 능력은 앞에서 언급한 바와 같이, 사람들이 살아가는 데 있어서 필요한 기본적인 능력, 즉, 3R's 중 한 가지에 해당하므로 학교 교육을 통하여 함양할 수 있어야 한다. 즉, 교사는 학생들이 글쓰기 능력을 함양할 수 있도록 도와야 한다.

글쓰기 능력은 특정한 교과에 예속되지 않는 포괄적이며, 보편적인 능력임에도 불구하고, 국어과에 한정적인 능력이라고 생각하는 교사와 학생이 많다. 국가교육과정의 기준화와 더불어, 교사가 교실 상황에 맞추어 교육적 경험을 직접 선정하고 제공할 수 있는 교사교육과정 시대가 열리고 있는 만큼, 교사는 국가교육과정(교과)과 배움에 대한 학생의 욕구를 이어주어, 글쓰기 교육에 대한 포괄적인 교육적 경험을 제공할 수 있어야 한다.

예를 들어, 주장하는 글을 써야 하는 국어과 성취기준(6국03-04)을 달성하하기 위해 기존에는 교과서 또는 교사용 지도서에서 제시되는 소재, 형식을 통하여 글쓰기 교육을 접했다면, 교사교육과정 시대에서 소재, 형식이 결정되는 주체는 교실 속 학생이 될 수 있다. 즉, 학생들의 삶과 가까운 소재,

학생들이 원하는 형식을 통하여 주장하는 글을 쓰는 방법을 배울 수 있게 되는 것이다. 이제, 교사는 그들에게 주어진 교육과정 자율권과 결정권을 적극 활용하여, 학생들에게 포괄적인 글쓰기 교육 경험을 제공해주어야 한다.

운문(시)쓰기 지도를 위한 교과 성취기준 분석

1) 시의 여러 이름들

시 갈래에 대한 장을 시작하기 전에 이름 뜻을 먼저 짚고 가자. 흔히 글의 큰 갈래를 운문과 산문으로 나누어 삼는다. 그렇다면 운문은 시인가? 운문(韻文)은 일정한 규칙(운율)에 따라 쓰인 문장(글)이다. 일정한 리듬을 가져 외워 부르기 적합하기 때문에, 고대부터 신화나 역사의 서술에 이용되어 왔고 시에서 주로 이용된다. 산문(散文)은 리듬이나 운율과 같은 형식 없이 생각과 느낌을 자유롭게 쓴 글을 말한다. 운문과 상대적인 개념이다. 그러나 운문과 산문을 또렷하게 구별하기는 힘들다. 산문에도 산문율이라고 하는 시적인 리듬이 담겨 있는 경우가 많다. 또한 운문이라고 하더라도 산문시처럼 운율이 없는 것도 있다. 요즘에는 외형적인 제약 보다는 감정을 북돋고 움직이는 문장을 시라고 하고, 서사와 논리를 중심에 둔 문장을 산문이라 분류하기도 한다. 운율을 갖추었다고 다 시가 되는 것은 아니기에 정확히는 모든 운문을 시라고 볼 수는 없다.[14]

두 번째로 짚을 것은 시와 동시이다. 시는 어린이가 쓰는 시다. 굳이 어른의 것과 구별하려 할 때는 아이들 시, 어린이시라고 부르면 된다. 동시는 어

---

14) 위키 백과(산문, 운문)에서 간추림.

른이 쓰고 어린이가 읽는 시다. 이것은 단순히 쓰고 읽는 사람이 다른 문제는 아니다. 그간의 시 쓰기 교육이 옳지 못했던 흐름에 원인이 있기 때문이다. 동시는 아이들을 읽히려는 마음으로 어른이 아이의 눈으로 쓴다. 그런데 아이 눈을 담기 위해 생각하는 동심이란 동시를 쓰는 시인의 머릿속에서 만들어지는 것이다. 그간 교과서에 실린 시 갈래의 작품은 주로 어른들이 쓴 동시였다. 그 동시를 보기글 삼아 아이들 시 쓰기 교육을 하게 되니 아이들 역시 동시를 쓰게 된다. 1장의 글쓰기와 글짓기의 차이에서 밝혔듯, 아이들이 자기가 보고 들은 것과 느낌을 쓰지 않고 어른들이 쓴 동시를 흉내 내며 아이들 시 아닌 동시를 쓰는 것은 문제가 있다.

2) 아이들 시와 시 쓰기 교육의 목적

교육 목적이라는 딱딱하고 어려운 이야기를 나누기 앞서 시 몇 편을 소개한다. 학교를 넉 달 쯤 다니며 글자를 막 익힌 1학년 아이들의 시다.

아이들 시, 어떻게 쓸까? -1학년 아이들이 쓴 시를 중심으로-

1. 시의 매력은? 간결함 안에 핵심과 울림이 있다.
축구 -류연솔- 축구를 했다 근데 졌다 형들이 너무 잘했다 **이길 때까지** **계속 할 거다**

2. 아이들 입말이 살아 있도록
개성이 드러나는 입말투, 사투리를 살려서 쓸 수 있어야 한다.

나이 먹을래

-윤여준-

사촌형이랑

놀이공원에 갔어

놀려고 했는데

근데 아홉 살 이상만

탈수 있대

3. 내 귀로 듣고 내 눈으로 보고
머릿속 생각이나 들어서 아는 것이 아니라 관찰과 몸소 겪기를 통한다.

선생님의 전화 대화

-박경빈-

선생님이 전화를 할 때

네 네 네 네

선생님은 계속 네만 해요

4. 다른 사물과 비슷한 점 찾기
비유는 시의 처음이자 마지막, 시의 전부다.

왜 비는 말이 달리는 소리지

-권시윤-

아침에 학교 왔다

그런데 **비가 달그락 달그락** 했다

신기했다

5. 다른 것의 시선으로 세상 보기

연필 깎이

-조성아-

연필깎이는 배가 부르겠다
왜냐면 꽉 찾는데
위까지 찰싹 붙었는데
우리는 그것도
모르면서 깎았다
응가 안싸면 병걸리는데
걔는 참았다
수업시간처럼
나도 수업시간에 참았다

6. 내 속이 드러나게
시의 위대함은 맺힌 마음을 풀어주는데 있다.

정리

-김성일-

나는 엄마가 이상하다고 생각한다
맨날 애들은 다 정리한다고 한다
내가 이상할까
다른 애들도 그러는데
내가 엄청 이상할까

7. 짧지만 기승전결의 흐름을 담아

어버이날 선물

-김신아-

내가 엄마에게 줬을 때는
기쁘다며 뽀뽀까지 해줬는데
아빠에게 줬을 때는
잠만 쿨쿨 잔다

단순하고 짧은 시편이지만, 시의 기본적 특징을 거의 갖추고 있다. 있었던 일을 바탕으로 써낸 짧은 생각과 느낌이 그대로 시가 된다.

시 쓰기 교육의 목적 역시 글쓰기 교육의 그것과 같다. 아이들이 시를 쓰는 직업인으로서의 시인이 아니라 시를 쓰는 생활인으로 살아가기를 바라는 것이다. 시를 쓰다 보면 걸음을 멈추고 낮은 곳과 작은 것을 찾게 된다. 약하고 작은 것들을 두루 살필 줄 알게 된다. 그 섬세함으로 남이 보지 못하는 것을 볼 줄 알게 된다. 나의 목소리와 나를 발견하게 된다. 내 목소리를 드러내고 누군가 귀 기울여주는 경험을 하니 남의 목소리를 듣게 된다. 다른 이의 목소리를 들어주게 되고 다른 이를 위해 마음 쓸 줄 알게 된다. 시를 쓰는 재주를 배우고 죽은 모방을 흉내내는 것이 아니라 내 속을 드러내고 나 아닌 것들을 살피게 되는 것, 그것이 사는 힘임을 알고, 그런 삶의 태도로 사람답게 잘 살아가기를 바라는 것이다.

3) 교육과정 성취기준 탐색 및 한계

2015 개정과정에서는 교과 성취기준을 크게 강조하고 있지만, 이른바 각각의 성취기준에 아이들이 도달한다고 해서 교과의 목표가 이루어지고 교육이 완성되는 것은 아니다. 오히려 삶을 가꾸게 한다는 교육의 과녁을 분명히 하고 하위 성취기준을 다루는 태도가 중요하다.

성취기준은 교과 내 영역을 중심으로 선정되어 있는데 근본적으로 국어 교과 안의 영역은 고른 위계를 갖추지 못하고 있는 형편이다. 듣기·말하기, 읽기, 쓰기, 문학, 문법 중 듣기, 말하기, 읽기, 쓰기가 국어과의 전략인데 비해 문학은 바탕글로 삼을 수 있는 자료다. 문법은 언어의 규범과 관련된 영역이다. 내용상 3가지 영역을 5개로 대등하게 펼쳐 두었다. 그러다 보니 영역별로 모아놓은 성취기준이 실제 언어사용의 맥락을 통합적으로 잘 담아내지 못하고 있다.

이런 문제인식에서 전국국어교사모임(우리가 만드는 교육과정과 교과서, 2006)에서는 대안적인 국어과 내용영역 체계를 아래의 표와 같이 제시한 바 있다.

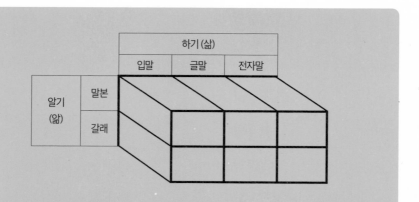

1. 가로축: 언어활동

1) 입말: 말이 입을 통해 나와서 소리라는 매체에 담기면 그것은 '입말'이 된다. 입을 떠나는 순간 사려져버리기 때문에 시간과 공간의 제약을 많이 받을 수밖에 없었다.

2) 글말: 입에서 나오는 소리를 글자로 적은 것이 '글말'이다. 순간적으로 사라져버리는 입말에 비해서, 글말은 시간과 공간의 제약을 뛰어넘을 수 있는 큰 차이가 있다.

3) 전자말: '매체'를 발명하여 입에서 나온 입말, 문자로 기록한 글말의 한계를 단번에 뛰어넘게 해 주었다. 소리와 영상을 버무릴 수도 있다. 전달, 저장, 표현의 한

계를 극복하게 해 주었다.

2. 세로축: 가르치는 내용

- [말본]은 기존의 국가 교육과정에서는 [언어지식] 영역으로 문법에 치우친 잘못이 있었다. 우리가 새로 만들 교육과정에서는 [말본]이라 하여 문장 이전 수준까지를 다루되 소리, 몸짓, 어휘, 문법 등에 골고루 눈을 돌릴 것이다. 이 가운데 가장 중요한 일거리로 생각하는 것은 <낱말 늘리기>이다.
- [갈래]는 '장르'라고 부르던 것으로, [문학]과 [비문학]을 다 아우르는 말이다. 문학 혹은 비문학적 작품을 다룰 때 꼭 알아야 할 지식을 뜻한다. 이를 테면 소설이나 시를 읽고 쓰는 데 필요한 지식이다.
- 하기 (전략)은 '하는 지식, 방법 지식, 절차 지식, 과정 전략'으로 입말 · 글말 · 전자말을 부려서 쓰는 능력에 해당하며 각 영역으로 나뉜다. [말본]과 [갈래]는 통합되어 있으며 각 영역을 통합하여 접근할 것이다. 다시 말해 [말본]과 [갈래]의 체계를 세우고, 그것을 각 영역(입말 · 글말 · 전자말) 속에 녹여 넣을 것이다.

초등학교 6년 교육과정에서 시 쓰기와 관련된 성취기준은 국어 교과 내 쓰기 영역과 문학 영역에서 찾을 수 있다. 시 교육은 크게 시 읽기와 시 쓰기로 나뉘는데, 쓰기 영역에서 시 쓰기는 잘 다뤄지지 않고 문학 영역의 바탕글에서 시 읽기가 읽기 자료로 삼아지고 있다. 문학 영역의 감상 제재에 국한되어 시 교육이 주로 이뤄지고 있는 셈이다.

< 시 교육 관련 초등학교 국어 교과 성취기준 >	
쓰기 영역	문학 영역
[2국03-02]자신의 생각을 문장으로 표현한다. [2국03-03]주변의 사람이나 사물에 대해 짧은 글을 쓴다. [2국03-04]인상 깊었던 일이나 겪은 일에 대한 생각이나 느낌을 쓴다. [2국03-05]쓰기에 흥미를 가지고 즐겨 쓰는 태도를 지닌다.	[2국05-01]느낌과 분위기를 살려 그림책, 시나 노래, 짧은 이야기를 들려주거나 듣는다. [2국05-02]인물의 모습, 행동, 마음을 상상하며 그림책, 시나 노래, 이야기를 감상한다. [2국05-03]여러 가지 말놀이를 통해 말의 재미를 느낀다. [2국05-04]자신의 생각이나 겪은 일을 시나 노래, 이야기 등으로 표현한다. [2국05-05]시나 노래, 이야기에 흥미를 가진다.
[4국03-04]읽는 이를 고려하며 자신의 마음을 표현하는 글을 쓴다. [4국03-05]쓰기에 자신감을 갖고 자신의 글을 적극적으로 나누는 태도를 지닌다.	[4국05-01]시각이나 청각 등 감각적 표현에 주목하며 작품을 감상한다. [4국05-04]작품을 듣거나 읽거나 보고 떠오른 느낌과 생각을 다양하게 표현한다. [4국05-05]재미나 감동을 느끼며 작품을 즐겨 감상하는 태도를 지닌다.
[6국03-01]쓰기는 절차에 따라 의미를 구성하고 표현하는 과정임을 이해하고 글을 쓴다. [6국03-06]독자를 존중하고 배려하며 글을 쓰는 태도를 지닌다.	[6국05-01]문학은 가치 있는 내용을 언어로 표현하여 아름다움을 느끼게 하는 활동임을 이해하고 문학 활동을 한다. [6국05-02]작품 속 세계와 현실 세계를 비교하며 작품을 감상한다. [6국05-03]비유적 표현의 특성과 효과를 살려 생각과 느낌을 다양하게 표현한다. [6국05-05]작품에 대한 이해와 감상을 바탕으로 하여 다른 사람과 적극적으로 소통한다. [6국05-06]작품에서 얻은 깨달음을 바탕으로 하여 바람직한 삶의 가치를 내면화하는 태도를 지닌다.

시 쓰기가 구체적으로 어떻게 다뤄지고 있는지 살피기 위해 쓰기 영역을 좀 더 자세히 보자. 해당 영역에서 쓰기의 대상으로 삼고 있는 글의 갈래를 먼저 분석해 보겠다. 이 또한 학년군별 뚜렷한 위계가 있음을 어렵지 않게 확인할 수 있다.

< 초등학교 학년군별 쓰기 영역의 학습 요소 >

[1~2학년군] 글자 정확하게 쓰기, 글씨 바르게 쓰기, 완성된 문장 쓰기, 짧은 글 쓰기, 경험에 대한 생각이나 느낌 쓰기, 쓰기에 흥미 갖기

[3~4학년군] 문단 쓰기(중심 문장과 뒷받침 문장 이해하기), 시간의 흐름에 따라 쓰기, 의견이 드러나는 글 쓰기, 마음을 표현하는 글 쓰기, 쓰기에 자신감 갖기 (글을 적극적으로 나누는 태도 갖기)

[5~6학년군] 의미 구성으로서의 쓰기, 목적과 주제에 따라 내용 선정하기(글의 목적, 매체 활용), 설명 대상의 특성에 맞게 쓰기, 근거를 들어 주장하는 글 쓰기, 체험에 대한 감상 쓰기, 독자를 존중 · 배려하며 쓰기

초등학교 1~2학년 쓰기 영역의 성취기준은 한글을 깨치고 기초적인 쓰기 능력을 갖추는 데 중점을 둔다. 3~4학년 쓰기 영역 성취기준은 기본적인 쓰기의 방법을 익히고 몇몇 종류의 글을 실제로 써 보면서 쓰기 경험을 쌓는 데 중점을 두어 설정하였다. 5 · 6학년 쓰기 영역 성취기준은 쓰기의 특성을 이해하고 목적과 내용에 맞게 다양한 종류의 글을 쓰는 능력을 갖추는 데 중점을 두어 설정하였으나 그 글의 갈래에 시는 보이지 않는다.

결국 학년이 올라갈수록 더더욱 쓰기의 대상으로 '시'의 갈래는 다루어

지지 않는다. 문학의 감상 영역에서는 다뤄지고 있는 형편이나 교육과정에서 제시하는 문학영역의 성취기준 해설을 살피면 언급되는 작품의 예 역시 오롯이 시를 향하고 있지 않다. 따라서 성취기준에만 근거하여 시 쓰기 교육을 하기 위해서는 그 내용과 타당도가 크게 빈약함을 확인할 수 있다.

4) 교육과정, 수업, 평가와 시 쓰기의 연계

다행히, 국어 교과에서는 학년별 '국어 자료의 예'[15]를 제시하여 그 바탕 글로 삼을 수 있는 대상을 드러내 두었다. 국어 자료를 잘 활용하면 보다 글쓰기 교육을 풍부하게 운영할 수 있다.

<초등학교 학년군별 국어 자료의 예>

1-2 학년	– 친숙하고 쉬운 낱말과 문장, 짧은 글 – 주변 사람이나 흔히 접하는 사물에 관해 소개하는 말이나 글 – 재미있거나 인상 깊은 일을 쓴 일기, 생활문 – 자신의 감정을 표현하는 간단한 대화, 짧은 글, 시 – 재미있는 생각이나 표현이 담긴 시나 노래 – 인물의 모습과 처지, 마음이 잘 드러나는 이야기, 글
3-4 학년	– 일상생활에서 가족, 친구들과 안부를 나누는 대화, 전화 통화, 문자, 사회관계망 서비스의 글 – 친구나 가족과 고마움이나 그리움 등의 감정을 나누는 대화, 편지 – 중심 생각이 잘 드러나는 문단이나 짧은 글 – 한글의 우수성을 알게 해 주는 다양한 글이나 매체 자료 – 일상의 경험이나 고민, 문제를 다룬 시, 이야기, 글 – 운율, 감각적 요소가 돋보이는 시나 노래
5-6 학년	– 개인적인 관심사나 일상적 경험을 다룬 블로그, 영상물 – 다양한 관용 표현이 나타나 있는 글 – 비유 표현이 드러나는 다양한 형식의 시나 노래, 글

15) '국어 자료의 예'는 학습자의 요구와 수준에 따라 통합적 관점에서 내용의 위계성과 학습의 계열성을 고려하며 창의적으로 재구성하여 활용할 수 있다. (초등학교 교육과정, 교육부, 2015)

교사 수준 교육과정에 대한 논의가 활발해지면서 교사의 교재 구성권에 대한 여건이 마련되었고, 수업을 풍부히 할 자료의 활용이 중요하다는 생각이 널리 퍼지고 있다. 개정 교육과정에서 그간 현장의 교사들이 오래도록 실천해 온 온작품읽기가 '한 학기 한 책 읽기'로 등장하면서 이러한 인식이 온나라로 퍼져 실천되고 있다. 교사들이 아이들 책에 관심을 갖고 함께 읽는 것은 크게 반길 일이다. 더불어 국어 자료의 예나 바탕글을 고르기 전에 짚어 둘 일이 몇 가지 있다.

우리말 교육에서 앞선 실천을 한 김수업 선생은 문학작품 고르기에 쓸 가늠자로 다음을 제시한 바 있다.[16]

1. 우리말의 힘을 얼마나 아름답게 부려 썼는가?
2. 겨레 삶 속뜻을 얼마나 잘 드러내 놓았는가?
3. 세월의 흐름도 뛰어넘는 재미를 얼마나 지녔는가?
4. 아이들 마음을 얼마나 힘차게 끌어당길 수 있는가?

선생의 생각은 그 가늠자의 타당성을 떠나 교사의 교재 구성권과 선택권과 맞물려 중요한 점을 환기한다. 반드시 다루어야 마땅한 작품, 다루면 좋을 작품 등 그 바탕자료를 고르는 일은 결코 만만한 일이 아니다. 혼자 할 수 있는 일도 아니다. 그렇기에 이에 대한 더 넓고 깊은 이야기가 교사 단위에서, 혹은 교실 단위에서 풍성하게 오가야 한다는 것이다.

---

16) 우리말교육에서 다루어야 할 문학작품 고르기, 김수업, 우리말 교육 현장 연구, 2011년 제 5집

좋은 시를 쓰게 하는 가장 좋은 방법은 좋은 시를 많이 읽는 것이다. 어린이시를 많이 읽고 쓰면 거기서 나온 어린이시가 다시 좋은 바탕글이 된다. 이 순환의 흐름에 시 쓰기 교육의 목적과 방법이 담겨 있다. 따라서 삶을 가꾸는 글쓰기 교육은 보다 넓은 차원에서 교육의 목표, 교수학습활동 전개, 평가 등의 일련의 교육과정을 재구성해야 한다. 단지 기능적으로 관련 성취기준을 조합하고, 차시 단위의 체계적이고 조직적인 수업을 설계하고, 성취기준 달성 정도를 평가 기준으로 삼아 글쓰기 교육이 이루어지는 것은 그런 맥락에서 경계해야 할 일이다. 시 쓰기 교육 역시 글쓰기 교육과 마찬가지로 국어교과에 좁혀 생각할 일이 아니다. 보다 넓은 범위에서 아이들 삶을 바라보고, 그 과정에서 이루어질 때 제 의미를 찾아나갈 것이다.

산문 쓰기 지도를 위한 교과 성취기준 분석
학년별 교과분석을 통한 교육과정, 수업, 평가와 글쓰기의 연계

국어를 배운다는 것과 글쓰기를 배운다는 것은 같은 의미일까? 그것은 같으면서도 다른, 다르면서도 같은 의미일 것이다. 2015 개정 교육과정에 따르면 우리나라 국어과 교육 목표는 아래와 같다.

[표 16] 2015 개정 교육과정에 따른 국어과 교육목표

국어로 이루어지는 이해·표현 활동 및 문법과 문학의 본질을 이해하고, 의사소통이 이루어지는 맥락의 다양한 요소를 고려하여 품위 있고 개성 있는 국어를 사용하며, 국어문화를 향유하면서 국어의 발전과 국어문화 창조에 이바지하는 능력과 태도를 기른다.

가. 다양한 유형의 담화, 글, 작품을 정확하고 비판적으로 이해하고 효과적이고 창의적으로 표현하며 소통하는 데 필요한 기능을 익힌다.
나. 듣기·말하기, 읽기, 쓰기 활동 및 문법 탐구와 문학 향유에 도움이 되는 기본 지식을 갖춘다.
다. 국어의 가치와 국어 능력의 중요성을 인식하고 주체적으로 국어생활을 하는 태도를 기른다.

어떻게 생각해보면, 글쓰기란 '쓰기'에 포함되는 것으로, 국어 교과에 포함된 '쓰기' 영역, 기능 등으로 보일 수 있다. 하지만 사람이 살아가는데 있어서 기본적인 능력인 3R's 중 하나로 본다면 글쓰기 능력은 교과의 범위를 넘어서는 능력으로 바라볼 수 있을 것이다.

본 책에서 다루는 글쓰기는 국어과 교육과정에 포함되는 여러 기능 중 하나로, 쓰기 기능을 다룬다기보다는 자신의 의사를 표현하고, 자신의 삶을 표현하는 수단으로써, '글쓰기'를 다루고 있기에, '쓰기'와 '글쓰기', 두 용어를 구분하여 사용하고자 한다.

특히, 본 장에서는 학생들의 글쓰기 능력을 함양하기 위해 국어과 교육과정 중, 산문과 관련한 부분에서는 어떻게 다룰 수 있는지, 2015 개정 교육과정에 따른 국어과 성취기준을 통하여 살펴보고자 한다.

1) 산문(散文)이란 무엇일까?

이러한 내용을 본격적으로 다루기에 앞서, 앞 장에서 다루었던 운문과 이번 장에서 다루고자 하는 산문에는 어떠한 차이가 있는 지 먼저 알아보고자 한다. 운문과 산문은 어떻게 다를까?

국립국어원 표준국어대사전에 따르면, 운문과 산문을 각각 다음과 같이 정의하고 있다.

[표 17] 국립국어원 표준국어대사전에 따른 용어의 정의

운문(韻文)
1. 일정한 운자(韻字)를 달아 지은 글
2. 시의 형식으로 지은 글
3. 언어의 배열에 일정한 규율 또는 운율이 있는 글
산문(散文)
율격과 같은 외형적 규범에 얽매이지 않고 자유로운 문장으로 쓴 글, 소설, 수필 따위 등을 말한다.

운문에 대한 내용은 앞 장에서 자세히 다루었으니, 본 장에서는 산문의 정의를 한 번 살펴보고자 한다. 위 [표 17]에 제시된, 산문의 정의를 살펴보면, 어떤 부분이 눈에 들어오는가? 적어도 본인은 '자유로운 문장으로 쓴 글'이라는 부분이 눈에 들어왔다. 여러 연구들이나 설문 결과에 따르면, 사람들은, 특히 학생들은 오히려 운문보다 산문이 더 격식을 차리며 형식에 얽매어 있는 글이라고 인식하는 경향이 있었다. 그러나 운문이 갖추어야 할 형식이 있었고, 산문은 훨씬 더 자유로운 글이다. 조금 과장하여 해석하면, 운문이 아닌 글은 모두 산문이라고 말할 수 있다는 것이다. 그런데 학생들은 왜 산문을 쓰는 것을 더 어려워하거나 부담스러워하는 것일까?

그것은 학생들이 산문을 접했던 방식을 통하여 알 수 있었다. 대부분의 학생들은 운문을 배울 때 오히려 제약을 받지 않는다. 운문이라는 것은 자유롭게 자신의 생각을 표현하는 것이라는 인식을 갖고 있어서 그런지 형식은 물론이며, 양에도 딱히 제한을 받지 않는다. 그렇기 때문에 학생들은 운문을 쓰는 일에 상대적으로 부담을 느끼지 않는다. 반면, 산문은 운문과는 다소 다르게 접하게 된다. 형식은 물론이거니와 특히, '양'적인 측면에서 학생들은 부담을 느낀다. 대부분의 산문은 몇 줄 이상 쓰도록 강요받기 때문일 것이다. 그래서 산문을 쓰는 교육활동을 할 때, 학생들이 가장 많이 묻는 질문 중 하나가 '선생님! 몇 줄 써야 해요?'와 같은 질문이다.

그리고 다음 장에서 살펴보겠지만, 학생들이 수업 시간에 접하는 산문들은 대체로 자신의 이야기가 아니다. 그리고 학생들에게 주어지는 과제 또한, 자신의 삶과는 관련이 없는 것들이 많다. 사람들이 글을 쓰는 이유는 기록을 남겨 소통하기 위함이다. 즉, 자신의 이야기를, 자신의 생각을 남기는 것이 글쓰기의 본질적 목적이다. 그러나 글쓰기 교육 시간에 자신의 이야기를 쓸 시간은 생각만큼 많이 보장되지 않는다. 자신의 생각을 전달하기 위한 최적화된 형태, 형식을 발견하거나 익혀야 하는데, 지금까지 글쓰기 교육은 주어진 형태 속에 자신의 생각을 채워넣는 방식으로 이루어져 왔다. 산문이야말로 외형적 규범에 얽매이지 않고 자유롭게 쓰는 글임에도 불구하고, 많은 학생들은 자신의 이야기를 쓰지 못하고 있었던 것이다.

2) 교육과정 속 산문 쓰기 지도

그렇다면, 2019년 현재 학생들이 어떤 내용을 배우고 있는지, 우선, 2015 개정 교육과정 국어과 성취기준을 통하여 살펴보자.

2015 개정 교육과정 국어과 성취기준을 살펴보니, 사실상 대부분의 성취기준이 산문 쓰기 교육과 직·간접적으로 관련이 있었다. 교사는 교육과정을 가르치는 사람이며, 교육과정은 곧 학생에게 가르쳐야 할 내용을 의미한다. 성취기준을 살펴보았을 때, 성취기준은 이미 학생들의 삶을 바탕으로 자신의 이야기를 써 나갈 수 있도록 제시되어 있었다. 그러나 아직 현장에서는 교육과정을 가르치기 위해 만들어진 여러 교육과정 자료 중 하나인 교과서가 곧 교육과정이라고 생각하는 분위기가 있다. 물론, 국어과 교과서를 만드는 교과서 개발자들은 학생들이 최대한 자신의 삶과 관련한 이야기를 쓸 수 있도록 교과서를 만들었을 것이다. 학생들의 삶과 가까운 글을 예시로 싣기도 하고, 자신의 삶을 쓸 수 있도록 구성하기도 했을 것이다. 하지만 그것은 어디까지나 교과서 개발자가 생각하는 학생들의 삶이다. 교실에는 교사가 만나는 학생의 수만큼 학생의 삶이 존재하기에, 아

[표 18] 2015 개정 교육과정 국어과 성취기준(산문 관련)

[1~2학년군]
[2국03-02] 자신의 생각을 문장으로 표현한다.
[2국03-03] 주변의 사람이나 사물에 대해 짧은 글을 쓴다.
[2국03-04] 인상 깊었던 일이나 겪은 일에 대한 생각이나 느낌을 쓴다.
[2국03-05] 쓰기에 흥미를 가지고 즐겨 쓰는 태도를 지닌다.

[3~4학년군]
[4국03-01] 중심 문장과 뒷받침 문장을 갖추어 문단을 쓴다.
[4국03-02] 시간의 흐름에 따라 사건이나 행동이 드러나게 글을 쓴다.
[4국03-03] 관심 있는 주제에 대해 자신의 의견이 드러나게 글을 쓴다.
[4국03-04] 읽는 이를 고려하며 자신의 마음을 표현하는 글을 쓴다.
[4국03-05] 쓰기에 자신감을 갖고 자신의 글을 적극적으로 나누는 태도를 지닌다.

[5~6학년군]
[6국03-01] 쓰기는 절차에 따라 의미를 구성하고 표현하는 과정임을 이해하고 글을 쓴다.
[6국03-02] 목적이나 주제에 따라 알맞은 내용과 매체를 선정하여 글을 쓴다.
[6국03-03] 목적이나 대상에 따라 알맞은 형식과 자료를 사용하여 설명하는 글을 쓴다.
[6국03-04] 적절한 근거와 알맞은 표현을 사용하여 주장하는 글을 쓴다.
[6국03-05] 체험한 일에 대한 감상이 드러나게 글을 쓴다.
[6국03-06] 독자를 존중하고 배려하며 글을 쓰는 태도를 지닌다.

무리 전문가가 만든 교과서라고 할지라도 전국에 있는 모든 학생들의 삶을 반영하고 고려할 수는 없다. 그렇기 때문에, 교사가 글쓰기 교육을 함에 있어 그 출발점을 교과서로 잡는 순간, 학생의 삶은 우선순위에서 밀려나게 된다.

[2국03-02] 자신의 생각을 문장으로 표현한다.

글쓰기의 출발점은 자신의 이야기를 쓰는 것이 되어야 한다. 예를 들어, 위와 같은 성취기준을 다룬다고 했을 때, 교사의 첫 번째 질문은 '교과서 ○○쪽을 살펴보자'가 아니라, '너희들은 지금 무슨 생각을 하고 있니?' 혹은 '너희들은 ◆◆에 대해서 어떻게 생각하고 있니?'로 출발해야 한다. 그리고 ◆◆은 가급적 학생들의 삶과 가까운 것일수록 좋다. 그래야 학생들은 자신의 이야기를 쉽게 풀어낼 수 있기 때문이다. 학생들이 이 과정을 통하여 무엇이 되었든 자신의 생각을 문장으로 표현할 수 있다면, 자신의 생각을 표현하는 글쓰기 방법을 익히게 됨은 물론이고, 그것은 성취기준에 도달한 것이다. 즉, 교사는 교과서를 사용하지 않아도, 학생들이 성취기준에 도달할 수 있도록 도울 수 있는 것이다.

글쓰기와 관련한 성취기준을 살펴보면 크게 두 가지 특징을 보인다. 하나는 국어 교육 전문가들이 모여 만들어진 것인 만큼, 학생들의 발달단계

[표 19] 2015 개정 교육과정 국어과 성취기준의 인지적 위계

[2국03-02] 자신의 생각을 문장으로 표현한다.
↓
[2국03-03] 주변의 사람이나 사물에 대해 짧은 글을 쓴다.
↓
[4국03-01] 중심 문장과 뒷받침 문장을 갖추어 문단을 쓴다.
↓
[4국03-02] 시간의 흐름에 따라 사건이나 행동이 드러나게 글을 쓴다.
↓
[6국03-04] 적절한 근거와 알맞은 표현을 사용하여 주장하는 글을 쓴다.

를 고려하여, 학년군간 위계가 존재한다는 것이고, 초등학교 수준에서 이루어지는 글쓰기 교육은 대체로 학생 자신의 삶을 중심으로 실행되도록 설계되어 있다는 것이다. [표 19]를 살펴보면, 첫 번째 특징은 인지적 영역과 정의적 영역으로 나누어 확인할 수 있다. 우선, 인지적 영역은 학생들의 발달단계와 수준을 고려하여, '문장 → 짧은 글 → 문단 → 긴 글' 순으로 제시하고 있음을 확인할 수 있다.

다시 말해, 문장 쓰는 연습부터 시작하여, 한 편의 글을 쓰는 단계까지 학년군별로 위계를 갖추어 제시하고 있었다. 성취기준에서는 인지적 위계뿐만 아니라, 정의적 위계까지 고려하고 있었다. [표 20]을 살펴보자.

[표 20] 2015 개정 교육과정 국어과 성취기준의 정의적 위계

[2국03-05] 쓰기에 흥미를 가지고 즐겨 쓰는 태도를 지닌다.
↓
[4국03-05] 쓰기에 자신감을 갖고 자신의 글을 적극적으로 나누는 태도를 지닌다.
↓
[6국03-06] 독자를 존중하고 배려하며 글을 쓰는 태도를 지닌다.

비단, 교육뿐만 아니라, 무슨 일을 하던 그것의 출발점은 '흥미'다. 글쓰기와 관련한 성취기준 역시, 학생들이 흥미, 즉, 내적 동기를 갖고 글을 쓰는 것을 가장 먼저 고려하였다. 이제 글쓰기에 흥미가 생기면, 그 다음으로 고려되는 것은 단연, 자신감이다. 그래서 그 다음 학년군 성취기준에서 제시한 것이 바로 자신감을 갖고 글을 쓰는 태도이다. 이제 자신감을 갖고 글을 쓰게 되었으면, 다음으로 고려한 것이 바로 다른 사람을 고려하여 글을 쓰는 태도이다. 즉, 2015 개정 교육과정 국어과 성취기준에서는 글쓰기에 대한 정의적 위계까지 제시하고 있었다.

다음으로, 2015 개정 교육과정 국어과 성취기준에서는 학생들이 자신의 삶을 중심으로 글쓰기를 경험할 수 있기를 기대하고 있었다.

[표 21] 자신의 삶을 고려한 글쓰기와 관련한 성취기준

[1~2학년군]
[2국03-02] 자신의 생각을 문장으로 표현한다. [2국03-04] 인상 깊었던 일이나 겪은 일에 대한 생각이나 느낌을 쓴다.
[3~4학년군]
[4국03-03] 관심 있는 주제에 대해 자신의 의견이 드러나게 글을 쓴다. [4국03-04] 읽는 이를 고려하며 자신의 마음을 표현하는 글을 쓴다.
[5~6학년군]
[6국03-04] 적절한 근거와 알맞은 표현을 사용하여 주장하는 글을 쓴다. [6국03-05] 체험한 일에 대한 감상이 드러나게 글을 쓴다.

성취기준은 모든 학년군에서 학생들이 자신의 생각, 자신의 의견, 자신의 마음 등을 글로 표현하는 것을 강조하고 있었다. 즉, 글쓰기라는 것이 곧 자신의 이야기를 써야 의미가 있다는 보편적 사실과 맥락을 같이 하고 있었다. 그런데 학교 현장에서 이루어지는 많은 글쓰기 교육들은 이렇게 성취기준에도 명시되어 있는 보편적 사실과는 거리가 멀었다. 교과서에서 제시된 글과 제시된 방법을 통해 배운 뒤, 자신의 글을 쓰라고 하는 것과, 자신의 이야기를 쓰는 과정 속에서 글을 만들어나가는 방법을 배우는 것은 단순히 표면적 절차의 차이를 넘어서, 질이 다른 문제이다. 그렇다면, 학생들의 삶으로부터 글쓰기 교육이 출발할 수 있도록 돕기 위해 교사가 할

수 있는 일은 무엇일까?

교사의 역할은 앞서 말한 바와 같이, 학생의 삶과 성취기준을 이어주는 것이다. 즉, 교실 속 만나는 학생들의 삶을 중심으로 자신만의 교사교육과정을 만들어 실행해나가야 한다. 교사교육과정의 출발점은 국가교육과정이 아니라, 학생의 삶이기 때문이다. 학생의 삶을 중심으로, 학생들이 배우고 싶은 것에 관심을 갖고 교육과정을 만들어 운영하면서, 그 과정 속에서 자연스럽게 성취기준에 도달할 수 있도록 도와주는 것. 그것이 바로 교사가 해야 할 일이기 때문이다. 그렇다고, 교과서를 가르치는 것을 무조건 배척해야 한다는 것은 아니다. 교과서 역시, 교육과정을 가르치는 데 있어서, 특히, 글쓰기를 가르치는 데 있어서 참고할 수 있는 훌륭한 자료 중 하나가 될 수 있다. 단, 적어도 글쓰기의 출발점만큼은 교과서가 아니라, 학생의 삶으로부터 출발해야 한다는 것이다. 이제, 교실 속 글쓰기 활동을 통하여, 이러한 모습을 보다 자세히 살펴보고자 한다.

이야기 하나 일상에서 기르는 미덕, 미덕일기

학생들이 글쓰기를 가장 먼저 접하게 되는 글의 종류 중 하나가, 바로 '일기'이다. 그렇기에, 가장 익숙한 글 중 하나 역시, '일기'라고 할 수 있다. 그렇기 때문에, 일기쓰기는 학생들의 글쓰기 교육에 활용할 수 있는 유용한 수단 중 하나이다. 특히, 일기쓰기는 교사와 학생 모두에게 매우 유용할 수 있다. 우선, 교사에게 있어서 학생의 일기는 학생과 소통할 수 있는 창구가 될 수 있다. 학생, 개인의 삶이 담긴 일기를 살펴보며, 그 학생은 어떤 생각하며, 어떤 삶을 살아가는지, 교사가 교실 속에서 보는 모습 외에 다른 모습을 볼 수 있게 된다. 혹자는 일기를 잘 못쓰거나, 대충 쓰는 사람들의 일기에는 큰 중요성을 부여하지 못한다고 주장한다. 하지만 그러한 일기 역시 훌륭한 가치를 지닌다. 매번 똑같은 이야기로 일기를 쓰는 학생은 그만큼 일상이 단조롭고, 건조하다는 것을 알 수 있고, 글씨가 엉망이거나, 문법이 심하게 어긋나는 일기를 쓰는 학생은 별도의 도움이 필요한 학생이라는 사실을 알 수 있게 되는 유용함이 있다. 반면, 학생은 자신의 이야기를 털어놓을 수 있는 자신만의 공간이 생기고, 글쓰기에 대한 두려움을 해소할 수 있는 등 여러 유용함이 있다. 그러나 본 장에서는 일기를 활용한, 교육과정과 연계한 글쓰기 교육 방안[17]을 살펴보고자 한다.

미덕일기는 내가 가르치는 학급의 특색 중 하나인 '미덕(Virtues)'을 활용한 교육 활동 중 하나이다. 학생들은 일주일에 두 번씩 자신의 이야기를 일기로 기록하는데, 그 중 한 번씩은 자신이 발휘하거나, 경험한 미덕과 관련한 이야기를 기록했다. 그 일기를 미덕일기라고 명명했다.

[그림 5]는 학생들이 썼던 미덕일기[18]의 모습 중 하나이다. 어떻게 보면, 평범한 여느 일기와 다를 것이 없어 보이지만, 이 일기는 두 가지 측면에서, 중요한 의미를 지닌다. 하나는 학생의 삶과 관련한 측면이고, 다른 하나는 교육과정과 관련한 측면이다. 우선, 학생의 삶과 관련한 측면이다. [그림

---

17) 참고로, 우리나라는 2009 개정 교육과정 이후로, 학년군 개념을 도입하였다. 그리고 학년군 단위로 성취기준을 제시하고 있다. 이것은 학생들이 해당 학년군 범위 안에서 성취기준에 도달하면 된다는 것을 의미한다. 본인은 위와 같은 관점을 견지하여, 성취기준에 접근했다.

18) 본 글에 실리는 예시 작품들은 학생들로부터 사전에 정보 활용 동의를 받았으며, 개인 신상과 관련한 정보는 삭제하였습니다.

[그림 5] 미덕일기의 모습

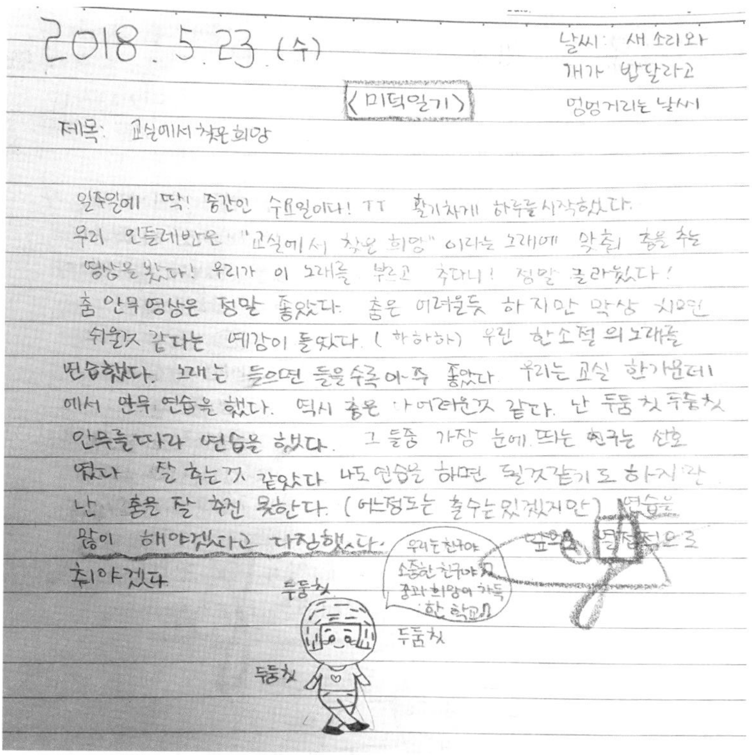

2018. 5. 23 (수)

날씨: 새 소리와 개가 밥달라고 멍멍거리는 날씨

〈미덕일기〉

제목: 교실에서 찾은 희망

일주일에 딱! 중간인 수요일이다! TT 활기차게 하루를 시작했다. 우리 민들레반은 "교실에서 찾은 희망" 이라는 노래에 맞춰 춤을 추는 영상을 봤다! 우리가 이 노래를 부르고 추다니! 정말 놀라웠다! 춤 안무 영상은 정말 좋았다. 춤은 어려울듯 하지만 막상 치면 쉬울것 같다는 예감이 들었다. (하하하) 우린 한소절의 노래를 연습했다. 노래는 들으면 들을수록 아주 좋았다. 우리는 교실 한가운데에서 안무 연습을 했다. 역시 춤은 어려운것 같다. 난 두둠칫 두둠칫 안무를 따라 연습을 했다. 그 들중 가장 눈에 띄는 친구는 선호였다 잘 추는것 같았다 나도 연습을 하면 될것같기도 하지만 난 춤을 잘 추진 못한다. (어느정도는 출수는 있겠지만) 연습을 많이 해야겠다고 다짐했다. 앞으로 열정적으로 춰야겠다

5]를 다시 한 번 살펴보면, 학생 자신의 삶이 온전하게 드러나 있음을 알 수 있다. 자신의 삶과 관련되지 않은 내용은 거의 없다. 삶을 살아가며, 경험하고, 느낀 것이 글 속에 온전히 담겨 있는 것이다. 이러한 글을 쓰다보면, 무엇보다 학생 자신의 삶을 돌아볼 수 있는 소중한 경험을 할 수 있을 뿐더러, 교사는 교실 속에서 보지 못했던 학생의 모습을 알 수 있게 된다.

다음은 교육과정과 관련한 측면이다. 5~6학년군 글쓰기 성취기준 중 하나가 바로 '[6국03-01] 쓰기는 절차에 따라 의미를 구성하고 표현하는 과

정임을 이해하고 글을 쓴다'[19]이다. 즉, 글쓰기라는 것이 누군가를 위한 글쓰기가 아니라, 자신의 삶과 관련한 의미를 구성하고 표현하는 과정임을 아는 것이다. [그림 5] 역시, 여러 미덕 중 '인내'라는 미덕과 관련한 자신의 삶에 대한 의미를 구성하고 표현하고 있음을 어렵지 않게 발견할 수 있다. 학생들은 이러한 과정 속에서 자신의 이야기를 구성하고, 표현함으로써, 글쓰기 활동이 곧, 자신의 삶과 관련한 의미를 구성한다는 사실을 자연스럽게 깨닫게 되는 것이다.

그리고 글쓰기 지도를 할 때, 강조하는 것 중 하나가 바로, 자신의 삶을 최대한 생생하게 쓰도록 하는 것이다. 물론, 하루에 있었던 여러 일들을 백화점식으로 나열하는 글이 하나의 삶을 최대한 생생히 쓰는 글과 질적인 차이가 있다고 말할 수는 없다. 그렇게 여러 일들이 담긴 글을 쓴 학생은 그만큼 자신의 하루에 대해 말할 거리가 많다는 것을 의미할 수도 있기 때문이다. 그래도 자신의 삶을 최대한 생생히 써보는 경험은 자신의 삶을 보다 온전히 돌아보는 데 도움을 준다. 내가 경험한 것은 무엇이며, 그 경험을 통하여, 내가 느낀 것이 무엇인지. 그것을 쓰는 것이 곧 자신의 이야기를 쓰는 것이다.

이러한 생각을 갖고 글을 쓰다보면, 학생들은 어느새 '[6국03-05] 체험한 일에 대한 감상이 드러나게 글을 쓴다'라는 성취기준에도 도달하게 된다. 일기라는 것이 곧, 자신의 체험한 일에 대한 감상이 되기 때문이다. 감상의 사전적 정의는 다음과 같다.

19) 본 글에 실리는 예시 작품들은 6학년 학생들의 작품이기에, 5~6학년군 성취기준과 관련하여 다루었습니다.

[표 22] 국립국어원 표준국어대사전에 따른 용어의 정의

감상(感想)

마음속에서 일어나는 느낌이나 생각

(예) 일기에 하루의 감상을 적는 시간은 자신을 되돌아보는 시간이기도 하다.
　　 그 책을 읽은 감상은 한마디로 '대단하다'였다.

감상이란 왠지 어려운 단어 같아 보이지만, [표 22]와 같이, 마음속에서 일어나는 느낌이나 생각을 의미한다. 즉, 자신이 체험한 일에 대해서 들었던 느낌이나 생각을 쓰는 것이 본 성취기준의 목적인 것이다. [그림 5]에 제시된 글을 다시 읽어보자. 이 학생은 성취기준에 도달했다고 볼 수 있을까? 그 대답은 어렵지 않을 것이다.

일기가 세상에 존재하는 모든 글을 대신할 수 없다는 것은 명백한 사실이다. 그러나 글쓰기라는 것이 곧 자신의 이야기를 쓰는 것이라는 전제에 있어서, 일기는 학생들이 글쓰기의 의미와 목적을 생각하고, 글쓰기를 배울 수 있는 의미 있는 방법 중 하나가 될 수 있다. 또한, 그 과정 속에서 적어도 초등학교 수준에서 제시되는 성취기준 중 다수를 다룰 수 있다. 교육과정에서 제시되는 성취기준은 학생들의 수준을 구분하기 위해 존재하는 것이 아니라, 대한민국에서 교육과정을 이수하는 학생이라면 누구나 도달할 수 있는 최소한의 기준으로서의 성격을 갖고 있기 때문이다. 이러한 측면에서, 성취기준은 교사가 글쓰기 교육을 함에 있어서, 일종의 나침반 혹은 지도와 같은 역할을 할 수 있다. 즉, 글쓰기 교육의 목적은 학생들이 자신의 삶에 대한 자신의 이야기를 글로써 풀어나갈 수 있는 역량을 키워주는 것이다. 교사도, 교육과정 성취기준도 학생들이 이러한 글쓰기 교육의 목적에 도달할 수 있도록 도와주기 위해 존재하는 것이다.

우리 반 아이들은 수업 시간에 일기를 쓰는 시간을 종종 갖는다. 가끔 주변에서 일기는 집에서 쓰는 거지, 왜 학교에서 쓰냐고 의문을 제기하는 경우가 있다. 그럴 때마다, 나는 당당하게 대답한다. 학생들은 지금 글쓰기를 배우고 있는 중이라고, 그리고 그것은 교육과정 성취기준에도 분명히 제시되어 있다고.

[그림 6] 미덕일기의 모습(2)

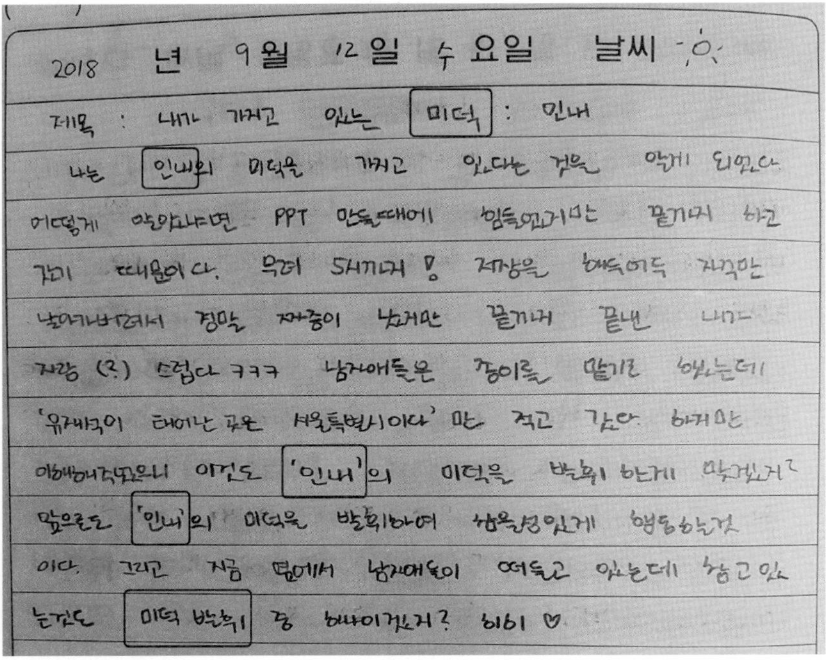
2018 년 9월 12일 수요일 날씨
제목 : 내가 가지고 있는 미덕 : 인내
나는 인내의 미덕을 가지고 있다는 것을 알게 되었다
어떻게 알았냐면 PPT 만들때에 힘들었지만 끝까지 하고
갔기 때문이다. 우리 5시까지! 저장을 했어도 자꾸만
날아가버려서 정말 짜증이 났지만 끝까지 끝낸 내가
자랑(?)스럽다 ㅋㅋㅋ 남자애들은 종이를 맡기로 했는데
'유재석이 태어난 곳은 서울특별시이다' 만 적고 갔다. 하지만
이해해주었으니 이것도 '인내'의 미덕을 발휘한게 맞겠지?
앞으로도 '인내'의 미덕을 발휘하여 참을성있게 행동하는것
이다. 그리고 지금 옆에서 남자애들이 떠들고 있는데 참고 있
는것도 미덕 발휘! 중 하나이겠지? 히히 ♡

이야기 둘 내 손으로 만드는 민주주의, 사회참여 프로젝트

　학생들이 글을 쓰게 되는 순간은 언제인가? 글쓰기 교육뿐만 아니라, 학교에서 이루어지는 대부분의 교육활동은 학생들이 원해서보다는 주어져서 이루어지는 경우가 많다. 그렇기 때문에, 학교생활 속에서 학생들이 스스로 원해서 글을 쓰게 되는 경우는 드물다. 그래도 학생들이 스스로 글을 써봐야겠다고 다짐하는 순간, 글을 쓰게 되는 순간은 존재한다. 그 시작은 어느 날 아침이었다. 학생들은 헐레벌떡 다가와 어제 하굣길에 있었던 일들을 서로 앞 다투어 말해주었다.

　2017년 학기 초, ○○초등학교 5학년 한 남학생이 학교를 마치고 집에 가던 길, 1톤 트럭에 다리가 밟히는 사고가 발생했다. 다행히 크게 다치지 않았고, 학교와 멀지 않은 곳에서 사고가 발생하여, 선생님들과 학생들이 신속하게 대처할 수 있었다. 우리 학교 학생들이 학교 주변에서 겪는 안전사고는 이번에 처음이 아니다. 요즘에도 사고는 종종 일어나고 있고, 사고가 날 뻔했던 이야기는 더 자주 듣는다. 우리들은 학교에서 안전하게 길을 건너는 방법부터, 교통질서 지키는 방법, 안전한 자전거 이용 방법까지 다양한 안전교육을 받고 있다. 그런데, 우리들이 겪고 있는 대부분의 안전사고들은 우리들의 의지와는 상관이 없는 것들이 많았다. 우리들의 등·하굣길 대부분은 사람들이 걸어 다니는 보도와 차가 다니는 차도의 구분이 없었다. 그래서 우리들은 언제나 차와 구분 없이 도로를 걷는다. 게다가, 거리에 아무렇게나 주차되어 있는 불법주차 차량이 많이 있어서, 안 그래도 좁은 도로가 더 좁아졌다. 그래서 우리들이 걸어 다닐 도로가 명확하지 않고, 차가 올 때면, 어디로 피해야 할지 모를 때가 많다. 그리고 삼거리나 사거리와 같이, 여러 도로가 만나는 교차로를 지

나갈 때, 특히나 사고가 많이 발생한다. 그리고 사고를 당할 뻔 했던 이야기도 많이 들린다. 반사경이 없기 때문에, 보이지 않는 방향에서 차가 오고 있는지 알 수 없음은 물론이고, 교차로까지 불법으로 주차한 차량들이 많아서, 교차로를 지나갈 때 위험을 많이 느낀다. 그리고 자전거를 타고 갈 때에는 더 긴장하게 된다. 이러한 문제들이 반드시 우리들의 지식의 부족이나 부주의함 때문에 일어나는 것 같지는 않다는 생각이 들었다. 그리고 무엇보다 우리들이 다니는 등·하굣길 인만큼, 이곳의 문제를 가장 잘 알고 있는 것이 우리들이고, 개선을 요구해야 하고, 개선된 것들을 누릴 사람들 또한 우리들이라고 생각했기 때문에, 우리들은 이렇게 사회참여를 시작하게 되었다.

학생들은 학교 앞 등·하굣길 안전 문제에 대해서 모두 심각하게 느끼고 있었다. 그리고 그러한 위협은 자신의 의지와는 상관없이 일어나고 있는 일들이 많았음에도 불구하고, 학교에서도, 가정에서도 그들에게 너희들이 안전하게 행동하면 된다고 말하고 있었다. 학생들이 아무리 안전교육을 받고, 안전하게 행동을 하려고 해도, 등·하굣길에는 그들이 안전하게 다닐 수 있는 인도가 없었으며, 등·하굣길에는 어느 장소보다 안전해야 할 스쿨존(school zone)임에도 불구하고, 스쿨존임으로 나타내는 표시가 거의 없었다. 때마침, 학생들은 사회 시간에 헌법을 통하여, 국민의 의무와 권리를 배우고 있었고, 자신이 안전하게 학교에 다닐 권리가 있고, 그러한 문제를 제기할 수 있는 방법이 있다는 것을 알게 되었다.

그래서 학생들은 자신의 등·하굣길을 안전하게 만들기 위해 할 수 있는 다양한 활동들을 계획했다. 그들은 문제의 실태를 정확하게 파악하기 위해 설문지를 만들었고, 자신들의 의견에 지지를 얻기 위해 서명운동을 실시하였으며, 직접 정책 제안서를 만들어 지방자치단체(시청, 교육청 등)와 지역구 국회의원 사무실에 찾아갔다. 그 과정 속에서 일어나는 모든 일들은 수업 시간에 다루었던 내용들이었고, 수업 시간에는 잠들어 있었던 지식들이 살아서 움직이기 시작했다. 예를 들어, 학생들은 자신들이 인식한 문제의식을 다른 사람들도 공감하기를 바랐고, 그러한 마음을 담아 [그림 7]과 같은 안전 설문지와 [그림 8]과 같은 서명운동 안내서를 제작했다. 그 과정에서 학생들은 자신들이 글쓰기도 배우고 있다는 것을 인식하지 못한 채, 글 쓰는 방법을 배우고 있었다. 구체적으로 살펴보면, 학생들은 자신의 주장을 설득해야 했기 때문에 적절한 근거가 필요했고, 상황에 적절한 표현을 해야 했다. 즉, 그 과정 속에서 자연스럽게 '[6국03-04] 적절한 근거와 알맞은 표현을 사용하여 주장하는 글을 쓴다', 성취기준을 도달하고 있었던 것이다. 그들은 자신이 쓴 글을 교사인 나에게 먼저 보여줬고, 다른 반 친구들에게 또한 보여줬다. 그리고 교사와 다른 친구들에게 얻은 피드백을 바탕으로 더욱 적절한 근거와 표현 방법을 고민하며, 자신의 글을 조금씩 완성시켜 나갔다. 누구도 그들에게 글을 써야한다고 말하지 않았음에도 불구하고, 그들은 자신의 삶, 자신의 경험 속에서 필요성을 느껴, 자연스럽게 자신들의 이야기를 써 내려가기 시작했다. 정말로 자신의 이야기를 쓰기 시작한 것이다.

이어서, 학생들은 자신들이 생각하는 정책을 직접 제안하기 위해 정책 제안서를 만들었다. 지금까지 그들이 설득해야 하는 대상은 같은 동네를 살아가는 주민들, 같은 학교를 다니는 교사와 다른 학생들이었다. 이제 그들은 그들을 전혀 모르고, 학교 상황을 전혀 알고 있지 못하는 사람들에게 자신들의 의견을 전달해야 했다. 그들은 자신들의 이야기를 어떻게 하면 효과적으로 전달할 수 있을지 고민했다. 교사로서, 중간에 개입하여 학생들의 고민을 해결해 줄 수 있는 대안을 제시해 줄 수 있었지만, 조금 더 인내를 갖고 꾹 참았다. 대신, 그들에게 자신의 의견을 표현할 수 있는 다양한 매체와 자료들을 소개해주었고, 그들이 만나게 될 사람들은 생각만큼 그들의 의견을 잘 듣지 않을 수 있음을 알려주었다. 그러자, 그들은 자신들의 의견을 뒷받침해줄 수 있는 더 타당한 근거들과 자료들을 모으기 시작했고, 그러한 내용들은 자연스럽게 성취기준과 연결되어 있었다. 즉, 그들은 이러한 과정 속에서, '[6국03-02] 목적이나 주제에 따라 알맞은 내용과 매체를 선정하여 글을 쓴다'와 '[6국03-03] 목적이나 대상에 따라 알맞은 형식과 자료를 사용하여 설명하는 글을 쓴다' 두 가지 성취기준을 모두 고려하고 있던 것이다.

사회참여 활동을 하는 동안 교사가 한 일은 학생들이 마음껏 고민하고, 활동할 수 있는 시간과 장소, 준비물 등을 만들어 준 일이었다. 그리고 학생들의 그러한 활동을 도와주기 위해 사용한 것 중 하나가 바로 교육과정이었다. 학생들의 삶은 국어, 수학, 사회, 과학 등 여러 교과들이 분절되어 있지 않았고, 그것들은 유기적으로 연결되어 있었다. 그리고 그것들을 관통하는 것은 자신들의 의견을 전달할 수 있는 '글'이었으며, 학생들은 자연스럽게 글쓰기를 하게 되었다. 예를 들어, 정책 제안서 작성을 위해, 사진도 찍고, 그림도 그리고, 표와 그래프도 그렸지만, 그것만 제시해서는 자신들이 원하는 의견을 온전히 전달하기 어려웠다. 그들은 그러한 자료들에 대한 설명을 써야 했고, 그 설명을 위해 글쓰기를 연습할 수밖에 없던 것이다. 그리고 학생들은 이러한 등·하굣길 안전문제는 이미 자신이 겪은 문제였고, 자신의 친구들과 가족이 언제든지 겪을 수 있는 문제라는 것을 인지하고 있었기에, 그들은 자신의 경험을, 그러한 경험에 대한 자신의 생각과 느낌을 진솔히 글 속에 담아내고 있었다. 학생들은 이렇게도 글쓰기를 배우고 있었다.

두 사례를 통해 살펴보면, 글쓰기 교육이 학교에서 이루어졌음에도 불구하고, 학생들은 자신이 지금 글쓰기를 배우는 시간이라는 것을 명시적으로 인식하지 않고 있었으며, 특정 교과에 한정되어 글쓰기 교육이 이루어지지도 않았다. 학생들은 국어시간뿐만 아니라, 사회, 도덕, 과학 심지어 수학, 미술, 음악 시간에도 필요하다면 글쓰기를 하게 된다. 앞서 말했듯, 글쓰기라는 것이 특정 교과에 한정되는 활동이 아니기 때문이다. 중요한 것은 학생들은 글쓰기를 통하여 자신의 이야기를 풀어나가는 것이고, 자신의 생각을 온전히 전달하기 위해 필요하거나, 부족한 부분을 채워나가는 방식으로 글쓰기 교육은 이루어져야 한다는 것이다.

사실 운문인지, 산문인지는 학생에게 중요하지 않다. 그 글에 대한 구분이 필요한 사람에게만 중요한 것이다. 예를 들어, 나의 오늘 하루 기분을 글로 표현할 때, 일정한 운율, 리듬감이 느껴지도록 표현했다면 그것이 곧 운문이고, 율격에 구애받지 않고 자유롭게 서술했다면, 그것은 산문이 되는 것이다. 학생들이 알아야 할 것은 자신의 이야기를 이렇게도 표현할 수 있고, 저렇게도 표현할 수 있다는 것이다. 중요한 것은 자신의 생각을 표현하는 것이기 때문이다.

그래도 여전히 일부 교실에서는 학생들에게 '자신'이 빠진 글쓰기 경험을 제공하고 있다. 띄어쓰기, 맞춤법, 글의 형식 등도 물론 중요하지만, 어디까지나 그것은 원활한 소통을 위한 통일된 양식에 불과하다. 아무리 띄어쓰기가 잘되고, 맞춤법과 글의 형식이 완벽한 글일지라도, 그 글 속에 자신의 이야기가 담겨 있지 않다면, 그 글은 큰 의미를 갖지 못한다. 중요한 것은 그것이 아니기 때문이다. 이제 교사는 학생들에게 '○○ 주제에 대해 적절한 근거를 들어, 주장하는 글을 쓰는 방법을 배워봅시다'가 아니라, '너희들은 ○○ 주제에 대해 어떻게 생각하니?'로 말할 수 있어야 한다. 단지, 글쓰기를 위해 글쓰기를 배우는 것이 아니라, 자신의 생각을 표현하는 방법을 익히기 위해 글쓰기를 배우는 것이기 때문이다.

　교사, 학생, 학부모 모두 '글쓰기'라는 개념에서, '산문'이라는 개념에서 보다 자유로워질 필요가 있다. 교사와 학부모가 자유로워질 때, 학생은 자유로움을 누리고, 그 안에서 진정한 자신의 이야기가 묻어나는 글쓰기가 이루어질 수 있기 때문이다.

[그림 7] 안전 설문지

□□ 안전 설문지

안녕하세요? □□초등학교 사회참여 동아리입니다. 요즘 □□초등학교 주변에서 학생들의 안전을 위협하는 사건·사고가 끊임없이 일어나고 있습니다. 행복하고, 안전한 학교를 만들기 위해 설문조사를 하고자 합니다. 안전한 학교를 만들기 위해, 명확한 원인을 진단하고 학교에 필요한 해결방안 제안서를 만들기 위한 소중한 자료로 사용될 예정이오니, 정성껏 답변해주시면 감사하겠습니다.

가. 기본 정보

학 부 모 / 학 생	나 이: 세	성 별:
현재 거주지:		

나. 설문 문항

1. 안전을 위협하는 사고를 당하신(목격하신) 적이 있으신가요?　　　　(예 / 아니오)
 * '예'를 선택하신 분만, 아래 문항에 대답해주시기 바랍니다.
 * 최대한 자세하고, 생생하게 적어주세요.

언제	
어디에서	
어떤 사고를	
어떤 피해를	

2. 주변에 있는 장소 중 안전사고가 가장 많이 일어날 것 같은 곳은 어디인가요?
 * 학교를 기준으로 작성하시되, 최대한 정확하게 적어주세요.

3. 만일, 자신에게 안전사고가 일어났거나, 목격했을 때, 어떻게 하실 것인가요?

4. 학교주변 안전사고가 일어나지 않도록 하기 위해서 어떤 것이 필요할까요?
 * 지역사회, 학교가 해줄 수 있는 일과 관련하여 자유롭게 적어주시면 됩니다. (여러 개 적으셔도 되요!)

소중한 의견 정말 감사합니다.

[그림 8] 서명운동

안전한 등·하굣길 만들기 정책 제안을 위한
□□ 교육가족 서명운동

안녕하세요? □□초등학교 6학년 사회참여 동아리입니다.

□□ 가족 여러분! 오늘 아침, 여러분들의 등굣길은 안전하셨나요? 우리들의 등·하굣길에 비해 턱없이 짧게 지정된 어린이 보호구역, 불법주차로 사라진 우리들의 보도, 가로등과 반사경이 설치되지 않은 도로 등으로 인하여 우리들의 등·하굣길이 안전을 위협받고 있습니다. 우리들은 대한민국 국민으로써, 당연히 안전하게 학교를 다닐 권리가 있습니다. 특히, 어린이 보호구역은 법으로 지정된 구역으로 당연하게 안전하게 지켜져야 할 구역입니다. 그럼에도 불구하고, 우리들의 등·하굣길은 안전하지 못합니다.

이처럼 당연하게 지켜져야 할 우리들의 안전을 이제 우리들이 직접 지켜야 한다고 생각합니다. 우리들의 안전을 위하여, 다음과 같은 정책을 지방자치단체에 적극 건의하고자 합니다. 우리들의 의견에 힘을 얻기 위해서는 우리 모두의 힘이 필요합니다. 소중한 서명 꼭 부탁드립니다.

'어린이 보호구역' 다운 어린이 보호구역

하나, 우리학교 학생들의 실질적인 등·하교 거리를 고려하여, 어린이 보호구역 확대 지정
도로교통법 상 어린이 보호구역은 정문을 기준으로 300m 이내로 지정될 수 있음에도 불구하고, 우리학교 어린이 보호구역은 정문을 기준으로 평균 100m 이내 지정되어 있습니다. 그리고 우리들이 가장 많이 다니는 수영장 옆길은 어린이 보호구역으로 지정조차 되지 않고 있습니다.

둘, 어린이 보호구역에 대한 지속적이고, 엄격한 관리 및 단속 요구
학교 주변 어린이 보호구역을 나타내는 표지판 및 도로표지가 제대로 관리가 되고 있지 않아, 이 곳이 정말 어린이 보호구역인지 알기 어려운 경우가 많습니다. 또한, 어린이 보호구역임에도 관리 와 단속이 거의 이루어지지 않고 있기 때문에, 불법 주차와 쓰레기 무단 투기는 날이 갈수록 증가하여 우리들의 안전을 위협하고 있습니다. 이에 대한 엄격한 관리와 단속이 필요합니다.

셋, 추가적인 보도 및 도로부속물 설치

우리들의 등·하굣길 중 80%이상은 보도가 따로 없습니다. 여기에 불법주차까지 일어나고 있어, 우리들이 안전하게 걸어 다닐 보도가 없습니다. 보도 설치가 어렵다면, 보도 바닥표시 또는 방호울타리라도 설치하여 우리들의 보도가 보장되어야 합니다. 그리고 사고가 빈번하게 일어나는 주변 교차로에는 도로반사경을 설치하고, 밤길이 어두운 구역에는 가로등을 추가 설치해야 합니다.

학생과 지방자치단체가 함께하는 학교주변 교통안전 점검

하나, 지자체에서 실시하는 교통 분야 안전점검에 학생 참여 요구
매 학기 주기적으로 지자체에서 교통 분야 안전점검을 실시하고 있습니다. 하지만, 여기에는 실제 이용하는 학생들이 빠져있어, 학생들의 필요성과 요구가 거의 반영되지 못하고 있습니다. 학생이 참여할 수 있어야 우리들이 안전한 등 · 하굣길을 만들 수 있습니다.

둘, 지자체와 연계한 '어린이 안전 지킴이' 운영
우리들 등 · 하굣길을 가장 많이 이용하는 사람도, 안전을 위협하는 요소를 가장 잘 알고 있는 사람도 바로 우리들입니다. 지자체와 연계한 어린이 안전 지킴이를 운영하여, 우리들이 직접 불법주차, 쓰레기 무단 투기 등을 바로 단속하고, 개선 사항 등을 요구할 수 있어야 합니다.

서명서

* 소속에는 학생, 학부모, 교사, 행정, 지역주민 중 선택하여 적어주시면 됩니다.

순	소속	학년 / 반	이름	서명

[그림 9] 정책 제안서

안전한 등·하굣길 만들기

정책 제안서

- □□초등학교 -

2017년 9월

안전한 등·하굣길 만들기 정책 제안서
- □□초등학교 -

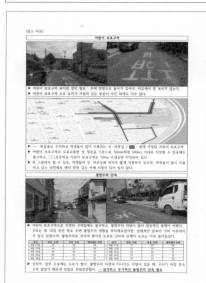

희곡쓰기(교육연극 등) 지도를 위한 교과 성취기준 분석

1) 2015 국어과 개정 교육과정 연극 교육과 글쓰기

2015 국어과 개정 교육과정에서는 '연극 교육'이 강조된다. 연극 교육은 연극에 관한 이론보다는 감성과 소통 중심의 문학교육을 시행하기 위해 국어과 교육과정에 포함되었다. 연극 교육은 학생들이 자신과 타인을 이해하고 공감, 배려하는 체험을 직·간접적으로 경험할 수 있는 효과가 있다.

연극 교육에 관한 2015 국어과 교육과정을 살펴보면, 관련 성취기준은 '[6국05-04] 일상생활의 경험을 이야기나 극의 형식으로 표현한다'이다. 이 성취기준은 이야기와 극 만들기 활동을 통해 이야기와 극의 기본적인 원리를 이해하게 되어 있다. 특히 이야기나 극 만들기를 하려면 '극본'을 구성하는 '글쓰기' 능력이 요구된다. 또한, 극본을 구성하고 극화 활동을 할 때는 비교적 긴 시간에 걸쳐 계획적으로 준비하여 2인 이상이 참여하고 신체의 움직임과 표정, 말투를 두루 고려해야 한다. 즉, 연극 교육을 위해서는 우선 극본을 구성하는 것부터 시작해야 하는데, 그 중심에는 '글쓰기'가 자리 잡고 있다고 볼 수 있다. 또한, 극본 구성을 위해서는 긴 기간 동안 극본을 쓰고 다듬는 과정을 겪어야 하기에 아이들이 '과정 중심 글쓰기'를 자연스럽게 익힐 좋은 기회이기도 하다. 극본을 아이들끼리 협력적으로 구성하여 함께 이야기 나누고 고쳐 쓰는 과정을 통해 아이들은 마치 극작가가 되는 경험까지 할 수 있다.

결국 연극 교육은 글쓰기를 바탕으로 한 듣기 말하기, 읽기, 문학, 문법을 아우르는 통합적인 국어 활동의 하나라고 볼 수 있다. 국어과의 연극 교육이 중심이 되고 여기에 다른 교과 및 아이들의 삶을 연계시켜 '주제 중심 교육과정'을 운영한다면, 아이들의 삶과 연계된 글쓰기 교육이 자연스럽게 구성될 수 있다.

2) 연극 교육을 활용한 글쓰기 교육

연극 교육을 한다면 아이들과 함께 연극을 직접 감상하는 것을 추천한다. 이왕이면 대중적이면서도 전문적이라고 인정받는 극단의 연극을 아이들이 직접 본다면, 아이들은 연극을 직접 하고 싶은 욕구가 생길 것이다. 여기부터 연극 교육에 관한 동기 유발이 시작된다. '연극 감상'은 음악, 미술, 체육 등 예술 및 체육 관련 교과에서 시수를 확보하여 운영하면 좋다. 그다음 아이들과 직접 감상한 연극의 대본을 가지고 아이들과 함께 읽어보는 활동이나, 아이들이 감상한 연극의 토대가 되는 책을 활용하여 '읽기' 수업을 시행한다. 이 때 아이들 모두가 돌아가면서 소리 내어 읽기를 하면 아이들이 글에 더 집중할 수 있다. 아이들이 '읽기' 수업을 통해 이야기의 내용이나 흐름을 어느 정도 파악했다고 판단이 되면, 이제 희곡으로 바꿔 쓰는 방법을 교사가 알려줘야 한다. '해설, 지문, 대사'라는 희곡의 특징이 잘 드러나게 이야기를 바꾸는 것은 교사의 지도가 없이는 아이들이 스스로 하기는 조금 어렵다. 아이들이 조금 어렵다고 느껴진다면 아이들이 감상한 연극의 대본이나 관련 희곡의 일부분을 발췌하여 하나의 예시로 교사가 보여줘도 된다고 생각한다. 모방을 통해 아이들은 희곡을 쓰는 방법을 익힐 수도 있기 때문이다.

희곡이 어느 정도 쓰이면 아이들과 함께 역할을 나누어야 한다. 무대에 직접 올라가서 연기를 할 아이, 사회를 볼 아이, 소품을 만들 아이, 장면에 알맞은 배경 음악을 준비할 아이 등 실제 연극 공연을 위해 준비가 필요한 사항을 나열하고, 아이들이 스스로 하고 싶은 역할을 정하도록 시간을 주는 것이 좋다. 이 시간이 연극 공연 준비에 있어 가장 중요한 시간인데, 아이들끼리 서로 이야기 나누고 배려하고 양보하는, 어찌 보면 아이들끼리의 '진정한 대화와 타협'의 시간이다. 이러한 모습을 교사는 한 걸음 뒤에서 아이들의 모습을 아이들끼리의 관계를 바탕으로 살펴보면서 직접 개입할 상황을 잘 포착해야 한다. 자칫하면 아이들끼리 갈등이 발생하여 연극 공연 준비 단계부터 아이들이 흥미를 잃을 수 있기 때문이다.

아이들끼리의 '대화와 타협'이 잘 이뤄지면 연극 공연 준비에 앞서 우리가 연극을 왜 하는지, 연극 공연을 준비하면서 지킬 우리들의 약속 등에 관한 이야기를 나눌 '학급다모임'이라는 절차가 꼭 필요하다. 이 절차를 통해 아이들은 우리가 왜 희곡을 쓰고 연극을 공연하며, 어떠한 점을 서로 배려해야 하는지 스스로 깨우칠 수 있다.

이후에는 역할별로 팀을 만들어 팀별로 자기들의 역할 수행을 위해 계획을 세워 실행하면 된다. 이 때 교사는 각 팀별로 어떻게 진행되는지 유심히 지켜보면서 지원자, 촉진자로서 역할을 충실히 해야 한다. 팀별로 역할을 수행하는 속도가 차이가 있기에 교사는 아이들을 다독다독 거리기도 하고 야단도 치면서 모든 팀이 하나의 목표인 연극 공연에 도달할 수 있도록 수시로 지도해야 한다. 이러한 과정 속에서 아이들은 자기 주도적으로 배움을 설계하고 이끌어나갈 수 있는 역량이 생긴다. 연극 공연의 목표는 멋진 연극 공연을 무대에서 보여주는 것도 있지만 더 중요한 것은 아이들이 연극 공연 준비과정에서 함께 성장하는 것이라고 생각한다.

3) 희곡쓰기 과정 살펴보기

'청연로 연극마당'이라는 이름으로 시행한 희곡쓰기 및 연극교육 교육과정이다.

아이들과 판소리와 창극에 관하여 배우는 음악시간에 창극 '심청전'을 영상으로 감상하였다. 판소리와 창극에 관하여 알아보자면, 판소리는 한 명의 소리꾼이 북장단에 맞추어 노래로 이야기를 엮어나가는 극음악이고, 창극은 여러 명의 소리꾼들이 역할을 나누어 노래하고 연기하면서 이야기를 엮어나가는 극음악이다. 판소리는 판소리는 '판을 벌이다'의 '판(넓은 터)'과 '소리'가 합쳐진 말이다. 즉, 넓은 무대에서 소리꾼이 북장단에 맞추어 몸짓과 말, 노래를 섞어가며 표현하는 음악극이라는 뜻이다. 이때, 북을 치는 사람을 '고수', 노래하는 사람을 '소리꾼'이라고 한다.[20]

---

20) [네이버 지식백과] 판소리와 창극 – 우리나라의 전통적인 극음악 (음악미술 개념사전, 2010. 7. 12., 양소영, 윤해린, 김나영, 김명숙, 김동영, 이은영, 김철성, 박명옥, 박용혁)

[표 23] 연극교육 교육과정

관련 교과	단원명	관련 (핵심)성취기준	학습내용	시수 (34)	재구성 활동	비고
청연로 연극마당(8.22.~10.27.)						
국어	1. 인물의 삶을 찾아서	자신이 인상 깊게 읽은 문학 작품에 대하여 이야기할 수 있다.	이야기에서 인물이 추구하는 삶을 파악하는 방법 알기 이야기를 읽고 인물이 추구하는 삶을 파악하기 드라마를 보고 인물의 삶과 자신의 삶을 관련지어 말하기 좋아하는 문학 작품을 자신의 삶과 관련지어 소개하기	8	1. 심청전 읽기 2. 내용 파악 및 인물이 추구하는 삶 파악하기 3. 등장 인물의 삶과 자신의 삶을 관련 짓기 4. 희곡으로 바꾸어 쓰는 방법 알기 5. 희곡으로 바꾸어 쓰기 6. 바꾸어 쓴 희곡으로 연극하기 - 역할 정하기 - 무대 및 의상 꾸미기 - 음악 정하기 - 동작 연습 및 동선 파악하기 - 예행 연습하기 7. 연극 감상 (녹화 영상) 및 평가	심청전
	11. 문학의 향기	작품의 내용이나 형식, 표현 방식을 모방하여 글을 쓸 수 있다.	이야기를 희곡으로 바꾸어 쓰는 방법 알기 이야기를 희곡으로 바꾸어 쓰기 바꾸어 쓴 희곡으로 연극하기	7		
음악	7. 음악으로 하나 되는 우리	5~6학년 수준의 악곡의 특징을 살려 혼자 또는 여럿이 외워서 악기로 연주할 수 있다. 생활 속에서 음악을 활용하며 즐길 수 있다.	축제와 음악 우리 반 음악회	5		
미술	8. 만들기 나라로	여러 가지 재료와 용구, 표현 방법, 표현 과정 등을 알고, 활용할 수 있다.	환경과 하나 되는 건축	6		
체육	2. 꾸미기 체조를 해 보아요	독특하고 개성 있는 신체 표현에 대해 이해하고 개인이나 모둠별로 주제를 정하여 창의적으로 표현하고 감상할 수 있다.	꾸미기 체조의 이해 및 표현 꾸미기 체조 작품 만들기	4		
	3. 실용 무용을 해 보아요		실용 무용의 이해 실용 무용 작품 만들기 실용 무용 작품의 발표와 감상	4		

*(참고사항) 2009 개정교육과정을 적용한 수업임

창극은 창극은 조선 말 국립극장이 생기면서 판소리 가객들이 배역을 나누어 공연하면서 시작되었다. 그 후 각본도 새로 쓰고 곡조도 새로 붙인 다양한 창작 창극이 만들어졌다. 판소리는 소리꾼이 혼자서 춘향이도 되고 이도령도 되어 부르지만, 창극은 여러 소리꾼들이 역할을 나누어 맡아 노래와 연기를 하기 때문에 음악적인 요소뿐 아니라 연극적인 요소까지 즐길 수 있다. 즉 창극은 판소리의 극적인 성격을 강조하여 '들을거리' 중심에서 '보고 들을거리' 중심으로 바꾼 종합적인 무대 예술이라고 할 수 있다.[21]

아이들이 판소리와 창극을 감상할 때 가장 먼저 발견한 차이점은 소리꾼의 수에 관한 것과 창극이 판소리보다 조금 더 연극처럼 보인다는 점이었다.

창극 '심청전'을 관람하면서 아이들에게 '우리도 한 번 해볼까?'라는 말을 던지면서 연극 공연에 관한 동기 유발을 시켰다. 창극을 본 직후라서 그런지 아이들은 매우 적극적으로 연극 공연에 참여하겠다고 하였고, 몇몇 아이들은 벌써 아이들의 역할까지 정하고 있었다. 아이들 스스로 연극 공연에 참여하겠다는 의지가 충만한 시점에 학교 도서관에 가서 '심청전'과 관련된 다양한 책을 찾아 읽었다. '심청전'에 관한 책은 그림책부터 글밥이 많은 책까지 다양하게 있었다. 아이들은 자기가 보고 싶은 책을 찾아 읽으면서 '심청전'에 관한 내용을 자연스럽게 파악하였다. 선택한 책에 따라 이야기가 추가되거나 삭제된 부분도 있었으나, 이야기의 주제에 따른 큰 흐름은 같았기에 아이들이 서로 읽은 책의 내용을 공유하면서 이야기의 흐름

---

21) [네이버 지식백과] 판소리와 창극 – 우리나라의 전통적인 극음악 (음악미술 개념사전, 2010. 7. 12., 양소영, 윤혜린, 김나영, 김명숙, 김동영, 이은영, 김철성, 박명옥, 박용혁)

은 합의가 되어 갔다.

책을 읽은 후, 아이들은 국어 시간에 이야기를 희곡으로 바꾸는 방법을 배웠다. 희곡의 개념, 형식 등을 배우고 교과서에 제시된 학습활동을 통해 짧은 이야기를 희곡으로 바꾸는 연습을 하였다. 이후 '심청전'에 관한 책을 가지고 희곡으로 바꾸는 활동을 하였다. 책은 모둠이나 개인이 직접 선택한 후, 희곡으로 바꾸도록 하였다. 처음에는 아이들이 개인적으로 책을 선택하여 관련 활동을 하려고 했으나 워낙 이야기의 양이 방대해서 결국에서 모둠에서 책을 선정하여 각자 역할을 나누어 희곡으로 만들었다. 이 때 모둠과 모둠이 결합하여 희곡으로 만드는 활동으로 변형되기도 하였다. 아이들은 이야기를 희곡으로 만드는 작업이 생각보다 쉽지 않았다고 판단했기에, 서로 힘을 모아 협업하면 개인별로 수행하는 과제의 양이 줄어든다는 것을 알게 된 것이다.

다음은 아이들이 직접 만든 희곡이다.

심청전

해설: 김슬아, 심봉사(심학규): 김도현, 심청이: 박은화, 뺑덕어미: 김이진, 심청엄마: 김승주, 스님: 윤윤섭, 용왕: 김현우, 왕: 전도연, 마을사람&뱃사공: 이문희, 김가은, 이은파, 이선호, 임현태, 김승주, 문지기: 임현태

해설: 안녕하세요! 저희는 심청전 연극을 하게된 6학년입니다. 많은호응부탁드립니다.

#1. 심청이 태어나다(해설 심봉사 심청엄마 마을사람1,2)
해설: 옛날에 심씨 봉사인 심학규라는 사람이 살았습니다. 그는 예쁜 아내를 가지고 있었습니다. 그 아내는 임신을 했고 딸의 이름은 심청이였습니다.

심봉사: 조금만 더 힘을내시오!

심청엄마: (소리를 지른다.)

(심청이가 울며 태어난다.)

심봉사: (말을 더듬으며) 역시 어여쁜 공주님이군! 이름이 청인 우리 공주님! 하하하!

심청엄마: 아들이었으면 더 좋았을텐데..

심봉사: 그게 무슨 소리오? 하늘이 이름까지 지어준 귀한 아이인데!

심청엄마: (기침을 한다) 여보, 우리 청이를 잘부탁해요..

심봉사: 당신이 없으면 눈이 먼 나와 청이는 어떻게 살아가란 말이오..

마을사람1(김가은): (안타까운 말투로) 저 부녀 불쌍해서 어쩌누…….

마을사람2(이문희): (안타까운 말투로) 그러게 말이에요. 딱하기도 하지.

해설: 아쉽게도 심청이엄마는 심청이를 낳고 세상을 떠나게 되었습니다.

#2. 동냥젖으로 키운아이
심봉사: 어미잃은 우리 청이, 배가 고파 죽겠소 댁의 아이 먹고 남은 젖 있거든 좀 먹여주십시오.

146

마을사람(이은파): (불쌍하게 쳐다보며) 에구…… 가여운 것 얼마나 배가 고팠을꼬.

(마을사람이 심청이에게 젖을 먹여준다.)

심봉사: 정말 감사합니다!

마을사람(이은파): 네. 몸조심하세요.

심봉사: (밑으로 내려가서 학부모나 선생님들께 젖을 달라 한다.)

심봉사: 네!

#3. 청이는 심봉사의 극진한 보살핌 속에 쑥쑥 자라 어느덧 일하러 감. 심봉사와 스님이 만남

해설: 심청이가 젖을 먹지 않아도 될 만큼 컸습니다. 그런데 심청이가 저녁 늦게까지 집에
      오지 않자 심봉사는 걱정이 되어 집을 나섰습니다. 그런데 그만 얼음에 미끄러져 냇
      가에 빠졌습니다. 그걸 본 스님은 심봉사를 구해주었습니다.

심봉사: (걱정스럽게) 나간 지 한참 됐는데 우리 청이는 왜 안올까? 내가 한번 청이를 찾으
       러 가봐야겠군.

(걷던 도중 넘어져 냇가에 빠진다)

심봉사: (허우적되며) 어이구!! 살려주시오!! 누가 내 몸을 물에 담그라 했나? 사람 살려 사
       람 살려

스님: (어리둥절하러) 어쩌지 어쩌지? 하나님 부처님 살려주세요!!

(스님은 심봉사를 구한다.)

심봉사: 어이구! 정말 감사합니다! 이걸 어찌해야 할지……. 저는 앞을 못 보니 어딜 가든
       무슨 일 일들 안 겪겠습니까?

스님: (생각하는 표정으로) 음…… 아! 부처님께 공양미 삼백석을 시주하면 당장 눈을 뜰
      수 있을 텐데…….

심봉사: 그게 정말이오?

스님: 스님이 거짓말하는 거 봤소?

심봉사: 그러면 시주하겠소.

심청이: (미소를 지으며) 아버지 다녀왔습니다! (심봉사에게 달려가며) 아버지 옷이 이미

　　　젖으셨어요? 무슨일이 있었나요?

심봉사: (한숨을 쉰다) 오늘 늦은시간까지 너가 안 와 너를 찾으러 나갔다가 스님이 날 구

　　　해주셨는데 스님이 말씀하시기는 부처님께 공양미 삼백 석을 시주하면 당장 눈을

　　　뜰 수 있다더라.

심청이: 어떻게든 제가 공양미 삼백석을 구하겠습니다.

#4. 심청이가 뱃사공이 올린글을 보고 뱃사공을 찾아감

해설: 그러던 어느날 마을에 처녀를 산다는 사람이 나타났습니다.

뱃사공(임현태): 처녀 삽니다! 15살 처녀 삽니다!

심청이: 아줌마 저 사람들 누구에요?

마을사람4(김승주): 뱃사공들인데 바다에 제물로 바칠 처녀를 찾고 있대. 몸값은 원하는

　　　　　　　　대로 준다나 뭐라나.

심청이: (다급하게) 네! 감사합니다!

(심청이가 뛰어 뱃사공을 찾아간다.)

심청이: (숨을 헐떡이며) 저기 혹시 제물로 바쳐야 할 여자아이를 구하셨나요?

뱃사공1(이은파): (귀찮은 말투로) 아직 못 구했습니다.

뱃사공2(이선호): 맞아요. 어떤 사람이 자기 딸을 판다거나 자기가 죽겠다고 하겠어요.

심청이: 혹시 제가 그 제물로 바쳐져도 될까요? 대신 제가 원하는 만큼의 공양미를 주세요.

뱃사공1(이은파): 알겠습니다. 공양미는 원하는 양을 말씀해주시면 드리겠습니다. 보름 후

　　　　　　　에 댁으로 데리러 가겠습니다.

심청이: (안타깝지만 미소를 지으며) 네. 저는 공양미 삼백석이 필요합니다.

뱃사공2(이선호): 네. 저희가 댁으로 공양미 삼백석 가져다 드리겠습니다. 그럼 보름 후에

　　　　　　　봅시다.

심청이: (울음을 참으며) 네.

#5. 심청이는 아버지를 위해 따뜻한 진지를 준비해 드리고 심청이는 인당수에 빠지게 된다. 그리고 심봉사는 마을사람들의 소개로 뺑덕어미를 만나게 되었다

해설: 이렇게 해서 심청이는 공양미 삼백석을 받고 제물이 되기로 하였습니다.

심청이: 아버지 제가 공양미 삼백석을 막 절로 보냈습니다. (헥헥)

심봉사: (깜짝 놀라며) 뭐? 그 많은 쌀이 어디서 났단 말이냐?

해설: 심청이가 벌써 바다에 빠지기로 한 날이 다가왔습니다. 심청이의 효심이 정말 대단하네요.

심청이: 아버지 불효 자식을 용서하세요.

마을사람(이문희): 너도 잘 보고 배워라. 효도란 바로 저런 거야.

마을사람(김가은): 네에에······.

뱃사공들: 영차영차영치기영차······.

뱃사공2(이선호): 오늘 따라 바람이 더 심하군. 자 이제 물 속으로 뛰어드시오.

심청이: (한숨을 쉬고) 네······.

심청이: 아버지 부디 눈을 뜨시어 좋은 세상 보십시오. (뛰어 내린다.)

해설: 마을사람들의 소개로 뺑덕어미는 심봉사의 아내가 되었다.

뺑덕어미: 마을사람들의 소개로 제가 아내가 되었습니다.

심봉사: 정말입니까? 감사합니다.

#6. 심청이가 용궁에 가게 된다. 지상으로 올라온 심청이는 왕과 만나게 됨. 그리고 심씨 봉사가 올 수 있는 축제를 열게 되고 뺑덕어미가 심봉사의 재산을 뺏어간다

해설: 바닷속에 빠진 심청이를 용왕이 보고 용왕이 심청이를 구했습니다.

용왕의 신하: 심청아가씨 용궁에 오신 걸 환영합니다.

용왕: 신하여, 이 심청이라는 자를 지상으로 올려다 주거라. 심청 양 지상으로 올라가서 아버지와 행복하게 사시오.

심청이: 감사합니다. 이 은혜 잊지 않겠습니다. 정말 정말 감사합니다.

해설: 심청이는 용왕의 도움으로 무사히 지상에 도착했습니다. 심청이는 연꽃 속에서 나오게 되었는데요 그때 마침 한양의 왕이 연꽃 안의 심청이를 발견하고 마음에 두게 됩니다.

왕: 너는 누구냐?

심청이: 심청이라고 합니다.

왕: 어떻게 해서 연꽃에 들어가게 되었느냐?

심청이: 저희 아버지는 봉사이신데 아버지가 눈을 뜨기 위해서는 공양미 삼백석을 부처님께 바쳐야 된다고 하여 제 몸을 뱃사공에게 팔고 저는 바다에 빠졌습니다. 그런데 바다에서 용왕님을 만나 용왕님이 제가 효심이 깊다고 하시며 절 지상으로 연꽃을 이용해 올려주셨습니다.

왕: 아……. 그렇구나……. 일단 여기서 생활하거라.

심청이: 감사합니다.

해설: 심청이는 왕의 말대로 왕궁에서 지내게 되었습니다. 그러다 어느날 왕이 심청이에게 청혼을 했습니다.

왕: 심청 양, 저와 결혼해주겠습니까?

심청이: 네. 대신 심씨 봉사들이 올 수 있는 축제를 만들어 주세요. 저희 아버지를 찾고 싶습니다.

왕: 알겠다. 3일 후에 축제를 열도록하겠다.

해설: 심청이의 부탁으로 왕은 심씨 봉사들이 올 수 있는 축제를 열게 되었습니다. 이 소식은 심봉사와 뺑덕어미의 귀에도 들어가게 되었습니다.

뺑덕어미: (심봉사에게 뛰어가며)심학규씨 한양에서 심씨 봉사들이 갈 수 있는 축제가 열렸다고 하더고요! 우리도 가볼까요?

심봉사: 그려……. 한번 가봅시다.

해설: 그리하여 심봉사와 뺑덕어미도 축제에 가게 되었습니다. 그리고 며칠이 지나고 축제날이 되었습니다.

빵덕어미: 오늘이 축제가 있는 날이네요. 얼른 서둘러 갑시다.

심봉사: 그럽시다.

빵덕어미: (웃으며) 이제 돈을 뺏을 때가 되었네. 걷다가 슬쩍해야겠다! 출발해요!

심봉사: 알겠소.

빵덕어미: 저쪽에 맛있는 음식이 팔군요. 사오게 돈 좀 주세요.

심봉사: 여깃소. 빨리 오시오.

빵덕어미: 빨리 오긴 뭘 빨리 와요. 이제부터는 혼자 잘 살으세요!

심봉사: (놀라며) 아니…… 이럴수가…….

해설: 빵덕어미는 사실 심봉사를 돌봐주려는 마음은 없었고 처음부터 돈을 노렸던 것 같습니다.

심봉사: 여기가 어디지…… 눈이 안보이니 어딘지도 모르겠네.

해설: 심봉사는 빵덕어미에게 재산도 뺏기고 버려졌습니다. 그래도 심봉사는 포기하지 않고 길을 묻고 묻고 그리고 사람들의 도움도 받아서 축제가 열리는 한양에 오게 됩니다.

문지기1(임현태): 무슨 일로 오셨소?

심봉사: 심씨 봉사들이 올 수 있는 축제에 왔소.

문지기2(임현태): 들어가시오.

심봉사: 고맙소.

#7. 심청이와 심봉사의 만남

해설: 벌써 축제 마지막날이 되었고 심청이는 아직 아버지를 만나지 못했습니다.

심청이: 오늘이 축제 마지막날인데 아버지를 찾으러 가보아도 될까요?

왕: 그러거라. 아버지를 꼭 찾을 수 있을 것이다.

심청이: (웃으며) 감사합니다!

심청이: (망설이며) 혹시 성함이 어떻게 되시나요?

심씨봉사1(김승주): 심학규다.

심청이: (약간 놀란다) 딸이 있습니까?

심씨봉사1(김승주): 심천이라는 딸이 한명 있다.

심청이: (놀란다) 아이구! 아버지!

심씨봉사1(김승주): 무슨소린가? 내 딸은 집에 두고 왔는데.

심청이: 딸 이름이 심청이 아닙니까?

심씨봉사1(김승주): 아니오. 내 딸 이름은 심천이오! 심천!

심청이: 사람을 잘못 봤군요. 죄송합니다. 저희 아버지와 성함이 같으셔서⋯⋯ (심봉사에 게 가서) 혹시 성함이 어떻게 되십니까?

심봉사: 심학규라고 하오.

심청이: (한번 더 놀란다) 딸이 있으십니까?

심봉사: 아주 효심이 깊은 심청이라는 딸이 있습니다. 청이는 저의 눈을 뜨게 하기 위해 자기 몸을 팔아 바다에 빠졌습니다.

심청이: (많이 놀라 운다) 아버지!

심봉사: (놀란다) 설마.. 우리 딸 청이냐?

심청이: 네! 어릴 때 부처님께 공양미 삼백석을 시주하기 위해 인당수에 빠졌던 심청입니다!

심봉사: 청아!!

해설: 그 많은 심씨 봉사들 중에 심청이가 아버지를 찾고 심학규가 눈을 뜨게 됩니다.

심봉사: 청아! (눈을 뜬다) 내 눈이 떠졌다! 너가 이리 아름다웠구나.

심청이: 세상을 보시게 되신 거 축하드립니다. 아버지 이제는 제가 잘모시겠습니다.

끝인사: (가로로 1열선다.)(순서: 해설 → 심청 → 심봉사 → 뺑덕어미 → 심청엄마 →심청 엄마 →스님 → 용왕 → 왕 → 마을사람 &뱃사공(이은파-이선호-이문희-김가은) → 문지기)

아이들이 직접 만든 희곡의 특징은 다음과 같다.

첫째, 모든 아이가 희곡에 등장한다. 아이들 모두가 하나의 역할을 각각 담당하여 희곡에 참여한다. 주인공과 주변인물을 가리지 않고 모든 아이들이 참여하여 함께 만들었다는 것이 이번에 만든 희곡의 특징이다.

둘째, 아이들의 성격과 특성에 알맞게 역할이 배정되었다. 이번 희곡을 만든 아이들은 6년 동안 같은 학급에서 함께 생활한 아이들이다. 따라서 아이들은 누구보다도 친구들의 성격과 특징을 잘 안다. 즉, 각자의 강점과 약점을 잘 알고 있기에 서로의 강점이 드러나도록 역할을 맡았다.

셋째, 아이들이 잘 할 수 있는 부분을 특화하여 희곡을 만들었다. 심청전의 내용은 매우 방대하다. 구체적인 사항까지 가지고 희곡을 만들었다면 아이들은 너무 힘들어했을 것이다. 하지만 아이들 스스로 연습해서 실제로 연극 공연을 해야 했기에, 무대에서 자신들의 끼를 발산할 수 있는 부분을 중심으로 희곡을 만들었다. 이는 추후 연극 공연과 잘 연계되어 제한된 시간임에도 불구하고 연극을 보는 관람객들이 집중하여 연극을 보게 된 하나의 요인이 되었다.

넷째, 원전의 흐름과 주제를 살리면서 아이들의 의견이 반영된 희곡이다. 이야기를 다른 장르로 바꾸는 수업을 할 때 아이들은 '상상'이라는 요소를 너무 강조해버려 이야기의 흐름이나 주제와 어긋난 내용으로 흘러가 버리는 경우가 은근히 많다. 하지만 이번 희곡은 심청전의 흐름과 주제는 크게 벗어나지 않고 아이들 역할에 따른 표현 방식의 아이디어가 추가된 형식으로 만들어졌다. 실제 연극 공연을 할 때에도 관람객, 특히 유치원 학생 및 초등학교 1,2학년 학생이 알고 있는 심청전 이야기와 흐름과 주제가 비슷하여 유치원 및 초등학교 저학년도 연극을 보는 데 큰 어려움을 없었다.

4) 연극의 실제

2016년 11월, 드디어 아이들이 준비한 공연이 무대에 오르는 날이다. 강당 무대에서 여러 번 연습을 했지만, 부모님과 동생들을 비롯한 관람객들을 보니 사뭇 긴장한 모습이다. 드디어 사회자의 등장을 시작으로 '청연로 연극마당' 수업으로 진행한 '심청전' 연극이 시작되었다. 아이들은 그동안 연습한 것을 120%이상 발휘해서 매우 잘해주었다. 관람객들은 연극의 내용은 알고 있는 것이라서 아이들의 연기에 많은 관심을 보였다. 특히 우리 학급 특수교육대상 학생이 '심봉사' 연기를 감칠나게 잘 해주어 많은 박수를 받았다. 통합교육의 목적은 일반 아이들과 특수교육대상 학생의 어울림이 가장 중요하기에 이번 연극을 통해 아이들은 나와 다른 사람을 이해하는 역량이 많이 성장했다.

연극이 끝나고 마지막 무대 인사를 할 때 아이들의 얼굴에서 끝났다는 안도감과 이번 연극을 해냈다는 자신감을 볼 수 있었다. 아이들 스스로 함께 고민하고 연습하며 만들었던 연극이라 더욱 감회가 남달랐을 것이다. 이번 수업과 연극 공연을 통해 아이들은 스스로 성장했음을 느끼고 있었다.

주제통합 프로젝트와 함께하는 글쓰기 교육

글쓰기 교육을 통하여 주제통합 프로젝트를 한다는 것은 '글쓰기 교육'이 중심이 되어 각 교과를 통합, 프로젝트를 구성함을 의미한다. 글쓰기 교육은 즉각적인 경험이나 체험을 소재로 삼아 나아갈 수도 있지만, 주로 텍스트를 읽고 그것으로부터 다양한 글쓰기 교육으로 파생되어 나가는 것이 일반적인 흐름이다.

따라서 교사가 주제통합 프로젝트를 계획할 때에는 학기 초에 어떠한 교과들을 하나의 주제 아래 녹여내어 목표 설정 – 교수학습 활동계획 수립 – 평가의 큰 흐름으로 이어갈지 고민을 하여야 한다.

[그림 11] 주제통합프로젝트 계획 구상

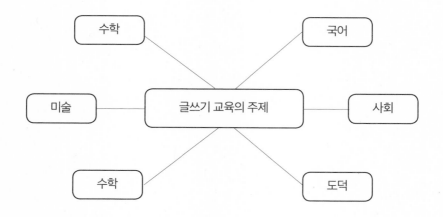

하나의 글쓰기 교육의 주제를 정하고 각 교과를 이와 관련하여 연계시킬 지도계획을 일별·주별·월별로 나아가며 흐름에 따라 글쓰기 교육을 진행시켜 나갈 수 있다.

'슬로리딩'이라는 주제를 활용하여 2개월 이상의 장기 프로젝트를 계획한다고 가정한다면 각 교과의 융합은 '슬로리딩'의 대상이 되는 텍스트 선정에 따라 그 방향이 달라질 수 있다.

'슬로리딩'이란, 짧은 시간 동안 많은 양의 책을 읽는 것이 아니라, 한 권의 책을 깊이 있게 천천히 읽어가며 그 속에 담긴 배움의 소재거리들을 하나하나 세밀하게 탐색해서 온전히 내 것으로 만드는 과정을 의미한다. 주제통합프로젝트로서의 글쓰기 교육에 '슬로리딩'이 많이 활용되고 있는 이유이다.

슬로리딩의 장점 - 글쓰기 교육

♠ 독서에 대한 진정한 흥미를 유발
♠ 사고력의 신장
♠ 다양한 교과를 유의미적으로 학습

'슬로리딩'의 가장 큰 장점은 먼저, 독서에 흥미를 느끼지 못하는 아이들도 이른바 글을 천천히 탐독함으로써 독서에 흥미를 갖을 수 있다는 점이다. 다독이 목표가 아니기에 텍스트 안에 담긴 흥미로운 요소들도 학습요소가 될 수 있고 이를 통한 흥미유발의 개연성이 크다. 또한, '슬로리딩'을 통하여 생각의 깊이를 깊게 하고, 폭을 넓게 할 수 있다는 장점도 있다. 쉽게 지나갈 수 있는 하나의 문구, 문단도 깊이 들여다보면, 글의 맥락을 통

해 글이 나오게 된 배경과 원인, 언어의 의미, 성취기준과 연관된 학습내용들이 보일 수 있다. 슬로리딩을 통해 깊이 있는 글쓰기 교육도 가능할 수 있는 것이다.

슬로리딩의 방향 - 글쓰기 교육

♠ 글쓰기를 기반으로 하는 슬로리딩
♠ 질문으로 시작하는 슬로리딩
♠ 열린 사고를 지향하는 슬로리딩

슬로리딩은 기본적으로 글쓰기가 기반이기 때문에 글쓰기 교육에 매우 유용하다고 할 수 있다. 질문으로 시작한 독서 디베이트 활동을 마친 후나 슬로리딩을 통한 산출물 제작과정, 텍스트 제재를 활용한 교과연계 학습 등 많은 부분에서 글쓰기가 이루어질 수 있다.

가령, 쥘 베른의 소설 '15소년 표류기'라는 이야기를 가지고 슬로리딩을 활용한 주제통합프로젝트 글쓰기 교육을 계획한다면 먼저 교과 재구성을 위한 성취기준을 분석하여 추출해 내야 한다.

성취기준 도달의 전제

성취기준에 효율적으로 도달하기 위하여 교과 내, 교과 간 교육과정을 구성하여 학습 내용의 중복으로 인한 학습량 부담을 줄이도록 재구성한다.

각 교과별로 성취기준을 탐색하여 슬로리딩 텍스트를 통해 하나의 프로젝트로 묶을 수 있도록 얼개를 짜 나가는 과정이 우선 필요하다.

[표 24] 성취기준 분석 및 조합 (2015 개정교육과정)

슬로리딩 텍스트	[6국05-02] 작품 속 세계와 현실 세계를 비교하며 작품을 감상한다.
15소년 표류기 (쥘 베른)	[6미01-04] 이미지를 활용하여 자신의 느낌과 생각을 전달할 수 있다.
	[6국05-06] 작품에서 얻은 깨달음을 바탕으로 하여 바람직한 삶의 가치를 내면화하는 태도를 지닌다.
	[6도03-02] 공정함의 의미와 공정한 사회의 필요성을 이해하고, 일상생활에서 공정하게 생활하려는 실천의지를 기른다.
	[6수02-02] 합동인 두 도형에서 대응점, 대응변, 대응각을 각각 찾고, 그 성질을 이해한다.
	[6음01-03] 제재곡의 노랫말을 바꾸거나 노랫말에 맞는 말붙임새로 만든다.

성취기준 분석이 끝난 후에는 이를 바탕으로 다음과 같은 일련의 프로젝트 과정을 계획할 수 있다.

[표 25] 주제통합 프로젝트 예시

○○초등학교 교육과정 재구성					
'함께 읽는 슬로리딩'					
『15소년 표류기』쥘 베른				'파리대왕'-윌리엄 골딩 (노벨문학상)	
근거	□(성취기준 도달)성취기준에 효율적으로 도달하기 위하여 교과 내, 교과 간 교육과정을 재구성하여 학습 내용의 중복으로 인한 학습량 부담을 줄이도록 재구성한다. □ 학급별 슬로우리딩을 실시하되, 학급 간 교환 및 도서실에 비치된 다양한 책을 활용한다. □ 11월 가을축제 기간을 활용하여 독서연계 축제를 실시한다.				
소주제	교과	관련 성취기준	단원 / 교과활동	도서	재구성 의도
다시 모인 우리	국어 창체	[6국05-02] 작품 속 세계와 현실 세계를 비교하며 작품을 감상한다.	1. 문학이 주는 감동 『15소년 표류기』 이야기의 앞부분을 읽어준 후, 책을 소개해 주고 자발적으로 읽기를 권함. 서로 다른 환경에서 살아온 아이들이 책 속의 인물들이 무인도에서 살아가기 시작한 것처럼 앞으로 2학기를 조화롭게 살아가야 하는 것에 비유.	15소년 표류기	교사가 처음에 이야기 앞부분은 읽어주는 것으로 안내 학교 도서실, 마을도서관에서 구하여 읽거나 돌려읽기 방법을 통해 학급 '온책읽기'를 시작 ·
건강한 우리들	체육	[6체03-01] 필드형 게임을 체험함으로써 동일한 공간에서 공격과 수비를 번갈아 하며 상대의 빈 공간으로 공을 보내고 정해진 구역을 돌아 점수를 얻는 필드형 경쟁의 개념과 특성을 탐색한다.	3. 경쟁활동 친구들과 함께 하는 경쟁활동을 하며 느낀 여러 감정의 변화와 친구들의 반응에 주목함.		친구들과 생활하며 느끼는 좋거나 싫은, 힘든 감정들을 문학작품에서도 느껴보면서 그런 감정들을 표현하며 서로 의사소통하여 해결하기를 바람.
	미술	[6미01-04] 이미지를 활용하여 자신의 느낌과 생각을 전달할 수 있다.	4. 표현의 나라로 직접 말하거나 표현하기 어려운 나의 감정과 마음을 색과 형으로 표현해 보고, 『15소년 표류기』 이야기 속의 상황과 매치되는 색을 선택함.		
내 마음과 너의 마음	국어	[6국05-06] 작품에서 얻은 깨달음을 바탕으로 하여 바람직한 삶의 가치를 내면화하는 태도를 지닌다.	1. 문학이 주는 감동 주변의 것들을 이용하며 생활하는 『15소년 표류기』 속 아이들의 모습을 찾아보고, 이 때 각기 다른 아이들의 재능이 어떻게 빛을 발하는지 이야기 나눔. 이와 함께 잡초와 화초는 본래부터 정해진 것은 아니었음을 깨닫게 함. 몇 가지 시를 읽은 후에 그 느낌을 시화로 표현하고 그 마음들을 모아 마인드 맵핑을 통해 하나의 시로 완성함.		문학작품 내의 전체적인 흐름도 중요하지만 구체적으로 표현된 개별적인 사건들을 활용하는 것이 좋음. 『15소년 표류기』 속 소재들을 활용하여 물건 재활용하여 작품 만들기를 유도함.
	미술	[6미02-02] 다양한 발상 방법으로 아이디어를 발전시킬 수 있다.	8. 만들기 나라로 『15소년 표류기』의 이야기에서 등장하는 소재를 통해 버려진 물건을 활용하는 방법 알아보기		
우리 모두 귀한 존재	도덕 국어	[6도03-02] 공정함의 의미와 공정한 사회의 필요성을 이해하고, 일상생활에서 공정하게 생활하려는 실천의지를 기른다.	8. 우리 모두를 위하여 ■ 토론을 해요 '공익'에 대하여 이야기한 후, 『15소년 표류기』에서 사소한 장난 닻줄을 풀어서 모두를 위험에 빠트린 자크의 상황을 가지고 토의·토론을 함.		이야기 흐름을 모두 이해하고 있는 상태에서 토론을 하면 아이들은 조금은 더 논리적으로 된다.

교육과정 재구성							
'함께 읽는 슬로리딩'							
대주제	월	소주제	교과	관련 성취기준	단원 및 차시 / 교과활동	도서	재구성 의도
독서로 가꾸는 하나 된 울타리	10월	우리 모두 귀한 존재	수학	[6수02-02] 합동인 두 도형에서 대응점, 대응변, 대응각을 각각 찾고, 그 성질을 이해한다.	2. 합동과 대칭 『15소년 표류기』의 무인도 지도를 보고 합동인 두 도형에서 대응점, 대응변, 대응각을 각각 찾고, 그 성질에 대해서 서로 설명함.	15소년 표류기	인근 무인도의 지도를 이용하여 도형학습으로 확장한다.
			국어	[6국04-05] 국어의 문장 성분을 이해하고 호응 관계가 올바른 문장을 구성한다.	6. 소중한 우리말 『15소년 표류기』 속 발음이나 표기가 혼동되거나 틀리기 쉬운 낱말을 찾아서 정리해 보기		꾸준히 읽고 있는 책의 내용으로 다양한 표현 활동의 기회를 제공하여 이야기를 심도 있게 파악하게 한다. 『15소년 표류기』속의 인물들의 모습을 직접 표현하여 이야기 나눔으로써 몰입할 수 있음.
			미술	[6미02-04] 조형 원리(비례, 율동, 강조, 반복, 통일, 균형, 대비, 대칭, 점증, 점이, 조화, 변화, 동세 등)의 특징을 탐색하고, 표현 의도에 적합하게 활용할 수 있다.	7. 관찰의 세계로 『15소년 표류기』의 인물들의 다양한 모습과 동작의 인물을 환조의 형태로 찰흙과 지점토 등을 이용하여 입체로 표현함.		
	11월 12월	우리들의 발걸음	수학	[6수03-04] 넓이를 나타내는 표준 단위의 필요성을 인식하여 1cm², 1m², 1km²의 단위를 알고, 그 관계를 이해한다.	5. 여러 가지 단위 『15소년 표류기』 속 소년들이 무인도의 땅의 넓이를 측정한 것을 바탕으로 넓이 단위 사이의 변환하기		'파리대왕'영화는 15세 관람 가능이므로 폭력적이고 자극적인 부분은 삭제하고 상영함. 『15소년 표류기』는 책을 통해서 배우는 내용과 비슷한 상황에 대해 이야기하고, '파리대왕'은 영화를 통해 강렬한 인상을 줌. 『15소년 표류기』와 '파리대왕'의 이야기가 비슷하지만 다른 결과가 나오는 것처럼 삶의 다양한 원인과 결과를 느끼고 나는 어떻게 살아가야 하는지를 생각한다. 문학 작품에 드러난 관점을 바꾸어 보며 역지사지의 자세로 이해해 본다.
			국어	[6국01-07] 상대가 처한 상황을 이해하고 공감하며 듣는 태도를 지닌다.	7. 인물의 삶 속으로 '파리대왕'영화를 시청한 후 어떤 상황이고, 그 이유에 대하여 알아보며, 『15소년 표류기』의 상황이나 내 상황과 비교하여 이야기 함.		
			사회	[6사03-01] 고조선의 등장과 관련된 건국 이야기를 살펴보고, 고대 시기 나라의 발전에 기여한 인물(근초고왕, 광개토대왕, 김유신과 김춘추, 대조영 등)의 활동을 통하여 여러 나라가 성장하는 모습을 탐색한다.	1. 우리 역사의 시작과 발전 15소년들보다 먼저 무인도에 표류되어 죽어 간 프랑스인이 남긴 족적들이 역사가 되듯이, 나의 역사는 내가 선택하면서 만들어 가는 것임을 알게 함.		
			수학	[6수05-02] 실생활 자료를 그림그래프로 나타내고, 이를 활용할 수 있다.	6. 자료의 표현 『15소년 표류기』의 소년들이 날씨를 관찰하고 그 변화를 예측한 것을 상상하여 알맞은 그래프로 나타내고 이를 효과적으로 설명하게 함.		
			국어	[6국02-02] 글의 구조를 고려하여 글 전체의 내용을 요약한다.	10. 글을 요약해요 이야기 글의 짜임에 따라 요약한 내용을 바탕으로 간단한 역할극을 만들어 봄.		
			국어	[6국03-02] 목적이나 주제에 따라 알맞은 내용과 매체를 선정하여 글을 쓴다.	11. 문학 작품을 새롭게 책의 관점을 분석하며 읽고 다른 사람의 관점으로 바꾸어 새로운 이야기를 씀.		
			음악	[6음01-03] 제재곡의 노랫말을 바꾸거나 노랫말에 맞는 말붙임새로 만든다.	4. 노래로 하나 되어 『15소년 표류기』의 내용을 바탕으로 제재곡의 가사를 바꾸어 가락에 맞는 노랫말을 창작하기		

주제통합 글쓰기 교육을 통하여 하나의 같은 책을 함께 교과시간 및 창의적 체험활동 시간을 이용하여 배우게 된다. 적절한 시수 배치 및 과정을 계획하면서 따로 시수를 확보하지 않아도 되는 장점을 얻는다면 더욱 효과적이다.

텍스트의 준비과정에서는 도서관에 비치되어 있는 책과 함께 가정에서 구비된 경우 이를 활용한다. 만약 이것이 어렵다면 교사가 저작권을 지키는 범위 내에서 텍스트의 내용을 편집하여 학생들에게 배부, 활용할 수도 있다. 이렇게 하나의 텍스트를 가지고 각 교과를 연계시킨 일련의 계획을 구성하였다면, 글쓰기 교육을 위한 교육 자료를 평가와 연결시켜 만들어 볼 수 있다. 성취기준 달성을 평가하는 잣대로서 글쓰기를 가져올 수 있는 것이다. 모든 경우에 글쓰기 교육으로 평가하기보다는 글쓰기 교육을 평가에 활용하는 것이 옳다고 할 수 있다. 배움이 온전히 이루어졌는지, 성취기준이 학생의 입장에서 달성되었는지를 아이의 사고과정에 따라 서술된 글쓰기를 통하여 활용할 수 있다.

물론 이러한 교과와 함께 하는 평가로서의 글쓰기는 이와 별개로 이른바 '삶과 함께 하는 글쓰기'의 일상 속 글쓰기와 연계해 진행되어야 한다. 글쓰기가 학생들의 작은 습관으로서 교과학습의 목적 달성을 판단하는 기준으로도 활용될 수 있다는 것을 인식하게 해야 한다.

하나의 글쓰기 교육 소재를 통한 글쓰기 활용 평가는 이밖에도 다양한 방법으로 활용될 수 있다. 여러 교과의 성취기준 달성 여부를 확인할 수 있는 다양한 평가방법을 응용해낼 수 있는 것이다.

[표 26] 평가로서의 주제통합 프로젝트 글쓰기 예시 I

사회 글쓰기	1. 우리 역사의 시작과 발전	5학년 반 번
	구석기 사람으로 사는 나의 하루	이름:

평 가 기 준	매우 잘함	잘함	보통	노력 요함
	『15소년 표류기』 속의 무인도에서 살았던 사람의 흔적을 비교하며 나의 구석기 일기를 특징을 살려 생생하게 작성할 수 있다.	『15소년 표류기』 속의 무인도에서 살았던 사람의 흔적을 비교하며 나의 구석기 일기를 특징을 살려 작성할 수 있다.	『15소년 표류기』 속의 무인도에서 살았던 사람의 흔적을 비교하며 나의 구석기 일기를 특징을 살려 작성하되 자세하지 못하다.	『15소년 표류기』 속의 무인도에서 살았던 사람의 흔적을 비교하며 나의 구석기 일기를 특징을 살려 작성하지 못한다.

날씨		내가 사는 곳		나의 신분은?	
구석기 시대 사람들이 사는 모습을 상상하여 글로 나타내기					

[표 27] 평가로서의 주제통합 프로젝트 글쓰기 예시 II

미술 글쓰기	8. 만들기 나라로	5학년 반 번 이름:
	'15소년 표류기'의 이야기에서 등장하는 소재를 통해 버려진 물건을 활용하는 방법 알아보기	

	매우 잘함	잘함	보통	노력 요함
평 가 기 준	'15소년 표류기'의 이야기에서 등장하는 소재를 통해 버려진 물건을 활용하는 방법을 나타내는 자료를 만들고 효과적으로 발표한다.	'15소년 표류기'의 이야기에서 등장하는 소재를 통해 버려진 물건을 활용하는 방법을 나타내는 자료를 만들고 발표한다.	'15소년 표류기'의 이야기에서 등장하는 소재를 통해 버려진 물건을 활용하는 방법을 나타내는 자료를 만들 수 있다.	'15소년 표류기'의 이야기에서 등장하는 소재를 통해 버려진 물건을 활용하는 방법을 나타내는 자료를 만들지 못한다.

◆'15소년 표류기' 속 새롭게 활용할 수 있을 법한 물건 또는 재료를 생각해봅시다.

15소년 표류기 속 물건, 재료

폐품 활용 방법을
거친 물건, 재료

◆'15소년 표류기' 속 새롭게 활용할 수 있을 법한 폐품 재료와 그에 알맞은 방법을 구상하여 아래에
나타내어 봅시다.

4장
쉽게 만들어 보자!
우리만의 학급문집

학급문집의 의미와 가치

1) 학급문집이란 무엇일까

문집이란 '시나 문장을 모아 엮은 책'이다(국립국어원). 문집 앞에 들어가는 말에 따라 문집의 성격이 달라진다. '학급문집'은 학급 구성원이 주체가 되어 만드는 것으로 볼 수 있다. 특히 글쓰기 교육의 종합적인 산출물로서 학생들의 삶과 학급의 다양한 이야기 등을 엿볼 수 있는 1년간의 '학급 살이'가 담긴 하나의 기록물로도 볼 수 있다.

학급문집의 시작은 바로 '글쓰기 교육'이다. 교실에서 시행된 글쓰기 교육으로 나타난 다양한 산출물이 하나의 책으로 모이게 되고, 그 책이 점점 의도와 주제, 형식을 갖추면서 학급의 삶을 보여주는 학급문집으로 탄생했을 것이다. 이러한 내용은 노복연 외(2008)에서도 다음과 같이 언급된다.

그 초기에는 아이의 작품을 기념하기 위한 의미의 문집이었으며, 문예작품의 것으로 채워져 있었다. 그 후에는 생활 작문이라는 사조가 판을 치고 문집활동이 활발해졌다. 이 시기의 문집은 그 이전의 단순한 작품집에서 발전하여 교사의 비평·합평이 붙여지고, 여러 가지 표현 형태의 작품이 분류·게재되기도 하여 차츰 교육적인 의도가 명료해졌다. 그리고 처음에는 글을 짓는 힘을 기르기 위한 문집이었던 것이 집단 속에서 바른 사고·관찰·느낌·살아가는 태도를 체득시키기 위한 재료로서의 문집으로 발전해갔다. 근년에서 과거부터 발전되어 온 성격을 이어받음과 동시에, 사회과학적 인식의 발전으로 뻗어 가는 생활작문이 특색 있는 것으로 나타난다.

학급문집은 학교교육에서 특별하게 존재하는 교육 매체로도 볼 수 있다. 매체 제작의 측면에서 보면 제작자와 수용자 모두가 학생들과 교사로서 제작자 수용자가 분리되지 않는 독특한 매체이다. 그 안에는 보통 학급 구성원들의 이름을 소재로 한 삼행시, 국어 시간에 쓴 다양한 글, 운동회나 체험학습과 같은 학교행사에 대한 소개와 사진, 학급 구성원들에 대한 소개 등이 포함된다. 매체의 기술적 측면에서 학급문집은 전통적인 방식의 인쇄매체로 제작될 수도 있고, 다양한 디지털 텍스트를 포함한 시디롬(CD-ROM)으로 제작될 수도 있다. 이처럼 학급문집은 단순히 여러가지 글을 모아놓은 문집의 측면만을 지닌 것이 아니라, 학교생활에서 일어나는 삶과 학습의 다양한 장면 중 일부를 선택해 담아 추억으로 남기기 위해 만드는 특별한 교육적 매체이다(정현선, 2009).

결국 학급문집은 '학생들이 주인공이 되어 자신의 삶과 연계된 다양한 활동을 기록으로 남긴 것'으로 그 의미를 생각해본다면, 가장 중요한 것은 '참여'이다. 이는 교사와 학생의 참여뿐만 아니라 학부모까지 함께 참여할 수 있다. 교육 3주체가 함께 참여하여 만든 학급문집이야 말로 교육 3주체의 진정한 협력을 보여주는 하나의 사례가 되지 않을까 싶다.

2) 학급문집의 가치

학급문집은 왜 만들까?

학급문집을 살펴보면 학급 구성원의 삶이 묻어난다. 학생 개개인의 삶과 학급살이를 함께 한 공동체의 삶까지도 엿볼 수 있다. 각각의 삶이 값어치가 있고 없고를 떠나, 학창시절을 겪은 인간의 삶을 보여주는 거울과 같은 존재가 학급문집이다.

학급문집의 가치는 다음과 같다. 첫째, 학급문집은 '삶'을 볼 수 있기에 만들어야 한다. '삶'은 기록되지 않으면 다시 되돌아보기가 쉽지 않다. 학생으로서 학창시절의 삶, 교사로서 의욕이 충만했던 삶 등 자신이 기억하고 싶은 삶을 다시 보게 해주고 그 삶을 소중하게 여길 수 있게 해주기에 학급문집이 필요하다. 특히 자신의 삶의 소중함을 학급문집을 통해 알 수 있다. 성공한 정치인, 연예인, 재벌들의 삶만이 소중한 것이 아니다. 사람들 모두 각각 나름의 소중한 삶을 가지고 있고, 소중한 삶을 나눌 수 있는 하나의 장이 열린다면 우리는 좀 더 자신의 삶을 더 가치 있게 바라볼 수 있다. 그 장이 바로 학급문집이다.

둘째, 학급문집을 통해 글쓰기 교육을 할 수 있다. 글쓰기 교육이 국어교과 시간에만 한정된 특정한 기능교육이 아닌, 학급의 삶을 담아낼 수 있는 하나의 그릇으로써의 역할을 하려면 학급문집이라는 하나의 매개체가 필요하다. 학급문집 만들기 활동을 통해 아이들은 자연스럽게 글쓰기를 접하게 되고, 이를 통해 자신을 표현하려는 연습을 하게 된다. 또한, 친구들의 글을 읽어볼 수 있는 기회도 생긴다. 이러한 과정을 통해 아이들은 자신의 삶과 연계된 글쓰기, 자신의 강점을 살릴 수 있는 글쓰기를 할 수 있다. 형식이 갖춰진 글쓰기에서 좀 더 발전하여 자신의 삶과 연계된 글쓰기를 할 수 있게 되는 것, 바로 글쓰기 교육의 목표이다.

셋째, 학급문집은 학급공동체를 만들어준다. 초등학교에서는 학급이라는 존재는 학생 개인이 모인 하나의 집단과 담임교사가 결합된 하나의 공동체라고 할 수 있다. 교육과정 운영을 위한 1년간의 공동체가 될 수도 있고, 자신의 삶을 함께 나눌 영원한 동반자적 공동체가 될 수도 있다. 학급문집은 후자에 언급한 영원한 동반자적인 학급공동체를 만들어준다.

이처럼 학급문집은 학생들의 삶과 그 삶속에서의 관계 맺기, 글쓰기 교육까지 할 수 있는 도구로써 교육활동에서는 매우 유익하다고 볼 수 있다. 이제부터는 다양한 학급문집을 살펴보면서 학생들의 삶이 어떻게 반영되었는지를 살펴볼 것이다.

학급문집 제작을 위한 기초 다지기

학급문집은 교사와 학생을 하나로 묶는 또 하나의 연결고리이다. 그것이 고된 작업일 수 있지만 제작을 완료하였을 때 얻는 결실의 뿌듯함은 다른 무엇보다 크다.

학급문집을 만들기 위해서는 학기 초부터의 장기적인 계획이 필요하다. 학급문집 발간의 횟수와 형식, 또 그에 필요한 예산확보 및 문집의 재료 구성 등 깊은 고민이 필요하다.

먼저 횟수에 있어서는, 많은 교사들이 연 1회, 학기별 1회, 월 1회, 주 1회 등 다양한 횟수로 학급문집을 만들어 낸다. 하지만 이는 교사의 개별적인 사정, 역량 등에 따라 그 계획이 충분히 달라질 수 있다.

학급문집의 발간 횟수

♠ 연 1회 발간 - 학년 말에 한 번에 모아 발간
♠ 학기별 1회 발간 - 각 학기별로 내용을 모아 발간
♠ 월 1회 발간 - 월마다의 성장 모습을 모아 발간
♠ 주 1회 발간 - 주마다의 회보 형식으로 발간

학급문집을 처음 시작하거나 여러 사정으로 자주 발간하는 것이 어려울 때에는 연 1회 발간이나 학기별 1회 발간을 선택할 수 있다. 무엇보다 학

급문집은 제작과 발간에 있어서 교사의 역할과 노력이 많이 필요하기에 지나치게 과해지거나 어려워지면 그 동력이 상실되고 만다. 따라서 소박하게 학급문집을 만들 수 있도록 계획을 짜면 좋다.

또한 학급문집은 어떤 특색과 주제를 정하느냐에 따라 그 방향이 달라진다. 교사가 묶어내고자 하는 대상을 정하는 것도 중요하다.

학급문집의 주제와 특색

♠ 산문 문집 - 아이들이 생활하며 겪은 일을 쓴 산문 중심의 문집
♠ 운문 문집 - 아이들의 시를 중심으로 모아 엮은 운문 중심의 문집
♠ 견학 문집 - 현장체험학습 등의 견학을 바탕으로 모아 엮은 문집
♠ 독서 문집 - 독후 활동의 결과물들을 모아 엮은 문집

위와 같이 주제에 맞게 문집의 흐름을 정할 수 있다. 대개의 경우, 산문 문집의 형태가 일반적이지만 다양한 방식의 문집을 만들게 되면 그 나름대로의 짜임새 있는 문집이 나오게 된다. 물론 여러 주제를 섞은 주제 통합적 학급문집도 충분히 가능하다. 단, 너무 과도하게 흘러가지만 않으면 된다.

학급문집에서 꼭 지켜야 할 것

♠ 절대 과하지 않게 이루어져야 한다.
♠ 아이들과 학부모가 읽기 쉬어야 한다.
♠ 모든 아이들의 글이 실려 있어야 한다.
♠ 아이들의 성장을 담는 문집이어야 한다.

학급문집은 그 제작과 발간에 있어 꼭 지켜져야 하는 것들이 분명히 있다. 첫째, 절대 과하지 않게 이루어져야 한다는 점이다. 학급문집 제작이 교사에게 짐이 되거나 아이들에게 부담이 된다면 그 목적과 의의가 이미 색이 바랜 뒤이다. 학급문집은 불필요한 힘의 낭비를 줄임으로써 아이들과 교사가 모두 그 과정에서 행복해야 한다. 과도한 예산 확보와 필요 이상의 재질과 형식으로 만들 필요가 없는 것이다. 아이들이 보기에 편하다면 충분히 적은 비용의 재질과 형식으로도 만들 수 있는 것이 학급문집이다. 현실 속에서 실천하기에 적합한 학급문집은 기본 용지의 재질과 형식이 안성맞춤인 것이다. 물론 컬러인쇄도 부분적으로 적용하여 그 비용을 줄일 수 있으며 용지의 크기도 너무 클 필요가 없다. 그의 양도 마찬가지다. 몇 백 쪽이나 되는 학급문집은 아이들이 읽기에도 어려울 뿐더러 그 제작과정이 너무도 힘이 들기에 쉽게 즐기고 나누는 학급문집이 될 수 없다. 따라서 지나치게 과장된 학급문집보다는 '쉽게 만들고 쉽게 나눌 수 있는 문집'이 되도록 계획을 세워야 한다.

둘째, 학급문집은 아이들과 학부모가 읽기 쉬워야 한다. 초등학교는 학년별 특성이 단계별로 나누어진다. 저학년의 경우에는 글자와 크기, 내용이 그에 어울리게 보다 쉬워야 하며, 고학년의 경우에는 성장에 맞게 그 내용이 조금 더 풍부해져서 생각거리를 만들어 주어야 한다. 따라서 학년별 특성, 또 개별적 특성이 느껴지도록 성장단계에 맞게 아이들과 학부모가 접하기 쉽도록 학급문집을 이끌어야 한다. 예컨대, 1~2학년의 학급문집의 경우, 아이들의 시나 이야기들을 정선하고 다듬어서 문집에 싣는 것보다 날것 그대로의 아이들의 작품을 실어 그 생생한 맛을 느끼도록 할 수 있는 것이다.

셋째, 학급문집에는 반드시 모든 아이들의 글이 실려 있어야 한다. 학급문집의 목적과 가치는 학급의 구성원이자 주인인 아이들의 글과 작품으로 비로소 빛날 수 있다. 따라서 어느 한 아이의 글을 놓치거나 일부 아이들의 글만 주목받아서는 그 목적과 가치를 상실해 버린다. 교사는 모든 아이들의 글이 실리도록 세심하게 배려를 해야 하며 이를 위해 주기적으로 모든 아이들의 글을 살펴보아야 한다. 만약, 어떤 학생이 글을 쓰는 것 자체에 대한 어려움이 있을 경우에는 교사가 듣고 대신 적거나, 아니면 글이 아닌 다른 작품(그림, 사진 등)이라도 게시해야 한다.

넷째, 아이들의 성장을 담는 글로 이루어져야 한다. 학급문집에 담길 글들은 평소에 아이들이 쓴 글들이 중심이 된다. 이는 수시로 이루어지는 교육의 산물이자 평가의 자료로서도 활용되기에 성장의 모습을 담고 있다고 할 수 있다. 아이들의 글은 솔직하고, 감동을 주며 또는 생생한 글이어야 살아 숨 쉴 수 있다. 이러한 글들은 어려움과 좌절, 슬픔을 나타내기도 하고 기쁨과 감동, 용서와 화해 등의 여러 감정들을 담기도 한다. 그 과정 속에서 아이들이 전인적 성장을 향하는 모습을 갖출 때 그 글은 학급문집에 실릴 수 있는 가치를 갖게 된다. 교사는 기교나 재주만 부린 글이나 솔직하지 못하고 꾸밈만 있는 글들을 배제하고 아이들의 삶이 느껴지는 글을 고를 수 있어야 한다. 이를 위해서는 수시로 아이들의 글을 살피고 읽어야만 한다. 수시로 나누는 아이들과의 대화는 올바른 방향을 지향할 수 있도록 안내를 해줄 수 있기 때문이다.

교사-학생-학부모 모두가 즐겁게 참여하는 학급문집

수많은 학급신문들과 마찬가지로 학급문집 제작에 있어 학생만 참여하는 것이 아닌, 교사와 학생, 학부모 모두가 참여하는 것은 더 큰 의미가 있다. 교육의 3주체가 모이는 장이 될 수 있기 때문이다. 학급문집은 그야말로 교육활동들이 모여 이루는 하나의 모음집이기에 학생들의 이야기가 많이 나타난다. 여기에 교사의 이야기, 학부모의 이야기가 덧붙여진다면 색깔이 더욱 풍부해질 수 있다.

학급문집에 들어갈 수 있는 글은 다음과 같은 것들이 일반적이다.

학급문집에 들어갈 수 있는 글

아이들의 일기
교과시간에 쓴 여러 가지 글
글로 나타내는 모습 (내 모습 또는 친구의 모습)
체험학습 후 쓴 글
학급일지
교단일기
부모님이 아이들에게 들려주는 이야기
시화 혹은 그림

이중에서 학생들이 참여할 수 있는 부분은 그 범위가 넓다. 수많은 교육 활동들이 그들의 삶과 이어지고 있기 때문에 그 활동에서 나오는 글이 바로 문집을 이루는 부분이 될 수 있는 것이다. 단지, 그것들이 문집을 이루는 부분이 되려면 다음과 같은 방향을 따르고 있어야 한다.

학급문집 속 글이 가져야 하는 방향

아이들의 생각과 삶이 생생히 드러나야 한다.
글을 읽으며 배움과 성장이 이루어져야 한다.
함께 한 학급활동의 이야기가 담겨 있어야 한다.

이러한 학급문집 속 글의 가치는 그동안의 학급살이를 담아낸다는 점에서 더욱 높아진다. 아이들의 글이 곧 아이들의 삶이기 때문이다.

아이들의 글을 제대로 뽑아내기 위해서는 학급신문과 마찬가지로 아이들의 글을 평소에 담아놓을 수 있는 글쓰기 전용 공책이 필요하다. 하나의 공책에 아이들이 글을 써 모아 놓도록 하면 이는 학급문집의 훌륭한 바탕이 된다. 학기 초 학급예산을 바탕으로 구매하여 선물로 줄 수도 있고, 각 가정에서 준비를 시킬 수도 있다.

글쓰기 공책을 활용한 글쓰기는 수많은 교육활동 속에서 수시로 이루어져야 한다. 그런데 이렇게 쌓인 수많은 글들 속에서 교사는 어떻게 학급문집에 들어갈 글을 뽑아낼 수 있을까?

사실 많은 교사들이 아이들의 글을 읽고 직접 댓글을 달아주며 이를 아이와 소통하는 데 활용하고 싶어 한다. 하지만 현실 여건 상 그럴 시간이 충분치 않을 때가 많다. 따라서 현실적으로 학급문집에 들어갈 글을 수시로 미리 뽑아 놓아가는 과정이 필요하다고 할 수 있다. 그러기 위하여 다음과 같은 방법을 사용할 수 있다. 그날그날 아이들의 글을 직접 읽고 댓글을 달아주는 것이 어렵다면, 3단계(☆☆☆/☆☆/☆)로 나누어 그날 썼던 아이들의 글에 표시를 달아주는 것이다. 그런데 이 표시는 어떤 기준으로 달아야 할까? 그 기준은 교사가 아이들에게 학기 초에 알려주어야 하는 것처럼 다음과 같이 표시가 달아져야 한다.

학급문집 속에 실릴 글의 기준

'감동이나 재미가 있는 글'
자세하게 표현한 글
솔직하고 생생한 글

위의 기준에 따라 교사가 표시를 제목 옆에 달아 놓으면, 그 표시에 따라 추후에 학급문집에 싣기가 굉장히 편해진다. 물론 이 과정에서 교사는 함부로 아이들의 글을 첨삭하거나 수정하면 안 된다. 아이들의 글은 그대로 두되, 표시만 해 놓는 것이다.

아이들의 글이 실린다면, 교사의 글이 실리는 것도 중요하다. 흔히 말하는 교사의 일기, '교단일기'는 중요한 내용요소가 될 수 있다. 아이들을 바라보는 교사의 관점은 아이들, 그리고 학부모들에게도 굉장히 좋은 울림이 될 수 있다. 교사가 직접 말로써 전달하지 못했던 이야기를 학급문집의 글을 통해 전달할 수 있는 것이다.

그럼 교단일기는 어떻게 써야 할까? 따로 시간을 내어 쓰기보다는 평상시에 아이들을 관찰한 내용으로 쓰는 것이 가장 좋다. 쓰고 싶은 내용이 있다면 한글문서 편집프로그램을 이용하여 아이들 하교 후 10분 안에 써 버리는 것이 가장 좋다. 따로 시간을 만들어서 쓰려고 하면 의외로 잘 써지지 않기 때문이다. 편집은 추후에 하더라도 아이들과 관련된 어떤 일이나 장면을 토대로 생각이 떠오른다면 일단은 한글문서편집프로그램에 써 보는 것을 추천한다.

교단일기 예시

우리 반은 청소에 관한 규칙이 하나 있다. 그 규칙은 두 가지의 방향으로 나누어지는데, 그중 하나는 수시로 1인1역으로 맡은 청소구역을 스스로 하는 것이며, 또 다른 하나는 급식을 먹는 순서(모둠끼리 매일 순환)의 모둠이 그날 종례 후 청소를 하는 것이다. 평소의 우리 반의 청소하는 모습을 보면, 정해진 청소시간 10분을 넘겨서 하는 경우는 거의 없고, 10분 안에 조기에 끝난다거나 10분이 어서 채워지기를 바라는 마음으로 기다리는 경우가 많았다. 그런데 바로 어제, 늘 있는 이 청소시간에 아주 놀라운 장면을 보았다.

어제는 민재와 윤재, 현우, 서후의 모둠이 청소를 하는 날이었는데, 게시판에 작품을 게시하던 나는 청소를 시작한 이래 서로 역할을 넘기고 미루는 아이들의 모습을 보면서 청소를 어떻게 하면 즐겁게 하게끔 할 수 있을까 고민을 하고 있었다. 그런데, 이 아이들은 나의 그러한 고민이 기우였음을 금방 느끼게 해 주었다. 이 귀여운 아이들은 이내 서로의 역할을 효율적으로 나누더니 그동안 친구들이 찾아내지 못했던 부분들(창틀이나 구석에 숨어 있는 부분)까지 깔끔하게 청소를 시작하였다. 그리고 서로 그동안 숨어져 있던 보물처럼 구석의 쓰레기들을 찾고, 잘 사용하지 않으려 하는 손걸레까지 빨아 와서 창틀과 바닥까지 스스로 닦기 시작하였다. 어느새 청소시간은 20분째를 넘어갔고, 아이들은 시간여유가 많다며 오히려 청소를 더 하고 싶다는 바람까지 말하였다. 어떤 아이는 "청소가 이렇게 재미있는지 몰랐어요"라고도 했다.

청소를 아이들이 스스로 즐길 수 있도록 그 기쁨의 씨앗을 주고 모범을 보이는 것도 필요하지만, 아이들은 이렇게 스스로 다른 이들을 위해 봉사하고 그 속에서 기쁨과 즐거움을 느낄 수 있는 놀라운 존재라는 사실을 잠시 망각하고 있었던 것 같다. 대부분의 아이들은 선생님들이 생각하는 것 이상으로 능동적이고 봉사정신이 있으며 합리적이라는 사실을 말이다. 이러한 깨달음은 비단 청소시간뿐만 아니라 수업시간, 그리고 현장체험학습 등 아이들과 함께 하는 많은 순간순간에 찾아오기도 한다. 이 깨달음은 아이들을 타율적인 존재로 성장시키는 것이 중요한 것이 아닌, 스스로 생각하고 행동하는 데 있어 보다 올바른 길을 갈수록 돕는 것이 중요하다는 것을 다시 한 번 일깨워 준다. 아이들의 청소의 모습에서 뇌리를 스치는 작은 깨달음이 생길 줄은 몰랐다. 어제 우리 반 아이들이 즐겁게 청소하는 뒷모습에서 풍기는 여운이 꽤 길게 느껴진다.

매일이 아니더라도 수시로 쓴 교단일기가 모아지면 이는 훌륭한 문집의 소재가 될 수 있다. 선생님이 느끼는 생각을 아이들도 느낄 수 있을 때 서로 진정한 의사소통이 이루어질 수 있다. 이는 말과 대화로서 전달될 수도 있지만 깊은 속내를 전달하기에 말과 대화로는 부족할 수 있다. 이럴 때 글은 진심을 전달하는 또 다른 매개체가 된다.

학부모도 문집에 충분히 참여할 수 있다. 교사 주도의 문집제작에서는 학부모가 참여하기가 여간 어려운 것이 아니다. 만약 참여를 원하고 있지만 참여할 수 있는 방법을 모르는 학부모가 있다면 참여를 이끌어내야 한다.

학부모가 참여하는 학급문집

계기교육과 연계 - 어버이날, 어린이날을 맞이하여 전하는 글
진로활동과 연계 - 부모님의 직업을 소개하는 글
학급 및 학교행사(방학식, 종업식 등)와 연계   - 자녀에게 전하고 싶은 이야기

학부모의 보다 많은 참여를 이끌어내기 위해서는 첫째, 학급신문 코너를 이용하여 담임교사의 전자우편 주소를 안내할 수 있다. 또한 알림장이나 가정통신문을 만들어 학부모들의 참여를 독려할 수 있다. 언제든 상시로 개방하여 글을 보낼 수 있는 환경을 마련하여 학부모들의 참여도를 높일 수 있다.

둘째, 어버이날, 어린이날과 같은 계기교육과 연계하여 자녀에게 전하고 싶은 이야기를 각 가정에 요청할 수 있다. 보통 어버이날의 경우, 아이들이 부모님께 전달하는 편지에만 집중할 수 있는데, 거꾸로 부모님이 아이에게 전하는 고마움의 이야기를 싣는다면 이는 진심이 서로 전달되는 기회가 될 수 있다. 짧은 가정통신문 등을 통하여 학부모에게 요청을 하면 의외로 많은 글들이 도착할지도 모른다. 학부모의 글 가운데 문집에 들어갈 만한 글을 찾아내어 학부모의 동의를 얻어 싣는다면, 이는 문집을 더욱 풍요롭게 만드는 것이 된다.

셋째, 방학식, 종업식 등의 학교 및 학급행사와 연계하여 학부모의 참여를 유도할 수 있다. 특별한 행사를 맞는 아이에게 학부모가 전하고 싶은 이야기를 행사 일주일 전쯤에 가정에 짧은 안내문과 함께 공지한다. 그리고 이야기를 가정으로부터 받아 문집에 실을 수 있다. 직접 말로 전하기 어려운 내용을 문집을 통해 전한다면 읽는 이와 쓴 이 모두 훈훈한 교감을 나눌 수 있을 것이다.

학생, 교사, 학부모의 글들이 모였다면 이제 문집으로 엮기 위한 편집이 필요하다. 오늘날에는 인쇄소나 인쇄대행업체를 주변에서 쉽게 찾을 수 있기에 한글문서 편집프로그램으로 문집의 내용을 정리하여 보내주면 원하는 양식과 질로 문집을 쉽게 낼 수 있다.

그러므로 교사가 한글문서편집프로그램을 통해 편집을 하는 것이 가장 힘들고 중요한 일이라고 할 수 있다. 편집에 있어서 가장 먼저 해야 하는 작업은 바로 '문집의 재료 구분해 놓기'이다.

학급문집에 들어갈 재료 구분하기

아이들이 쓴 글 중 가치 있는 글 (모든 아이들의 글)
활동사진이나 활동 모습이 담긴 그림
아이들의 작품 (교과시간, 비교과시간)
교단일기
학부모의 글
설문조사 (아이들이 설문한 것)
주소록
학급회의록

학기 말이나 학년 말에 따로 시간을 내어 하려고 하면 학급문집이 여간 힘든 것이 아니다. 따라서 수시로 글을 모아 폴더별로 정리해 놓는 것이 좋다. 특히 첨삭은 2차적인 부분이기 때문에 글 자체를 생생하게 그대로 실어 놓는 것이 낫다.

그리고 이를 바탕으로 아이들의 명렬표에 아이들의 글을 표시해 놓아야 한다. 모든 아이들의 글이 들어가야 하므로 아이마다 어떠한 글이 실릴 것인지를 골고루 분배해야 한다.

[표 28] 편집을 위한 사전준비 예시

번호	이름	시	산문	작품	기행문	가족 글
1	강○○	☑				아버지
2	김○○		☑			할아버지
3	김○○				☑	어머니
4	남○○		☑			어머니
5	노○○		☑			아버지
6	박○○			☑		누나
7	박○○	☑				동생

편집을 위한 사전준비가 끝이 났다면 편집의 방향을 정해야 한다. 문집을 엮는 방향은 여러 가지이다.

① 아이들의 이름순서나 출석번호 순서와 같이 이미 있는 순서대로 문집을 제작하는 방식이다. 이 방법은 일단 교사가 편집하기 편하고 모두의 글이 골고루 실리기에 가장 일반적인 방법이다. 교사가 한눈에 흐름을 읽을 수 있기도 하다. 단, 독자가 학급활동이 이루어지는 시기별 흐름을 읽기에는 부족한 면이 있다.

② 학급활동의 시기에 따라 편집하는 방식이 있다. 3월부터 다음연도 12~1월까지 이어지는 학급활동의 흐름에 따라 글을 엮어 학급문집을

읽으며 1년의 학급살이를 살펴볼 수 있다는 장점이 있다. 단, 이 방법은 교사가 그에 따른 글 골라내기, 편집의 부담이 있다는 점도 있다. 이 방식을 따를 경우 수시로 글을 폴더별로 정리해 놓는 것이 매우 중요하다.

③ 글의 갈래별로 묶어 편집하는 방식도 존재한다. 아이들의 글의 갈래는 다양하다. 산문, 운문, 기행문 등의 갈래별 특징에 따라 묶는다면 글을 보다 깊이 있게 읽을 수 있고 갈래의 특징이 익숙해진다는 장점이 있다. 다만 어떤 특정된 학생들의 글이 몰릴 수도 있다는 단점도 있다.

④ 모둠 편집의 방식으로 묶는 방법도 있다. 이는 모둠의 활동이 이어지는 주, 월, 학기 등의 시기별 구분에 따라 문집이 제작되는 방식이다. 모둠이 바뀌지 않는 시기별 범위 내에서 모둠활동의 결과물로 문집을 만들어내는 것이기에 각 모둠은 문집을 통해 더욱 결속력을 단단히 할 수 있다.

이를 바탕으로 학급문집의 편집계획의 일정까지 완성되었다면 이제 학급문집 제작을 위한 크기를 정해야 한다. 보통의 경우, B5용지(사륙배판)나 A4용지(국배판), B4용지(타블로이드), 16절지(국판) 등의 크기를 정한다. 제작 발간시기와 그 양을 토대로 적절한 비용 선에서 정하면 좋다.

학급문집의 각 쪽은 1단 구성, 2단 구성 등 교사가 이를 편집하는 방향에 따라 다르게 구성된다. 한쪽이 1단으로 구성될 수 있고 아니면 단을 나누어 2단, 혹은 3단으로 구성될 수도 있다.

[그림 12] 학급문집의 지면 예시 - 1단 구성

1학기를 마치고

박○○

벌써 1학기가 끝나가네
친구들도 선생님도 바이바이
하지만 우리에겐 희망이 있네

2학기엔 아주 재미있게 지내보자
1학기 때 쌓아놓은 추억들
잊지 못할 거야

방학 때 잘 지내
친구들아 안녕

여름방학을 맞이하며

염○○

친구들을 처음 만났을 땐 두근두근
선생님을 처음 만났을 때도 두근두근

친구들과 즐겁게 놀고
선생님과 즐겁게 공부하다보면
학교가 어느새 끝나있었어.

친구들, 선생님이 좋아서 이런 게 아닐까?

1학기를 마치고

전○○

1학기가 끝났구나
어렵고, 쉽고, 힘든 일이었다.
방학에는 푹 쉬고 2학기에는
더욱 알차게 보내야겠다.

학급문집 작품 예시

학급문집 학급회의

지면 구성계획이 완료된 후에는 목차 구성이 필요하다. 목차는 문집의 내용을 알려주는 지침이 되기 때문에 목차 또한 각 주제별로 번호를 매겨 넣어야 한다.

또한 표지도 구성 계획이 이루어져야 한다. 아이들의 얼굴이 있는 사진이나 그림을 넣어 만들 수도 있고, 아이들의 작품 중 뛰어난 것을 골라 표지로 넣을 수 있다. 혹은 아이들이 직접 표지를 꾸며 그것을 스캔한 후에 표지로 넣어도 된다.

표지의 구성이나 내용을 구성하는 것의 가장 큰 핵심은 '아이들의 손'이다. 문집은 교사 혼자 만드는 것이 아닌, 아이들과 함께 만들어가는 것이기에 표지제작에 아이들을 참여시키는 것도 훌륭한 방법이다.

학급문집 편집에 참고할만한 것들

표지 (앞표지와 뒤표지)의 양식과 내용
용지의 크기 및 재질
머리말과 추천사
목차 구성
제작 후기
색인 및 참고기록

　처음에는 이러한 학급문집 제작이 번거롭고 그 방법에 대해 어렵게만 느껴질 수도 있다. 하지만 일단 할 수만 있다면 해보는 것이 좋다. 그 속에서 교사도 아이들과 함께 배움을 얻고 성장하며 뜻 깊은 추억을 만들 수 있기 때문이다. 간단하게나마 일단 시작해보면 의외로 큰 기쁨과 즐거움을 느낄 수 있을 것이다.

글쓰기 교육으로 함께 성장하는 학급공동체

사람이 온다는 것은 실로 어머어마한 일이다
…
한사람의 일생이 오기 때문이다.

정현종, <방문객> 중

정현종 시인의 말처럼, 사람이 온다는 것은, 사람을 만난다는 것은 실로 어마어마한 일이다. 지금 만나는 그 사람의 모습은 내가 만나는 순간에 만들어진 삶이 아니라, 오랜 시간 쌓이고, 쌓여서 만들어진 하나의 삶이기 때문이다. 교사는 매일 교실에서 학생들을 만난다. 그렇다면, 교사는 학생들의 삶을 마주한다고 볼 수 있을까? 교사와 학생이 '1 대 多'로 만날 수밖에 없는 학교교육의 특성 상, 교사는 교실에서 만나는 학생들 하나하나의 삶을 들여다보기는 쉽지 않다. 하지만 반대로 학생들 입장에서 교실에서 만나는 교사는 한 명이기 때문에, 그 학생들은 교사가 자신의 삶을 온전히 들여다봐주기를 원한다. 나는 어떤 사람인지, 나의 기분은 지금 어떠한지. 나는 왜 그렇게 행동할 수밖에 없는지, 학생들의 입장에서는 교사이기 때문에, 그것을 당연히 이해해줄 것이라고 생각한다. 학생의 삶을 온전히 들여다보고, 이해하기를 원하지 않는 교사는 단 한 명도 없을 것이다. 교사라면, 누구나 학생들에게 좋은 교사가, 더 나아가 좋은 사람이 되고 싶을 것이다. 그렇게 좋은 관계로 발전하는 출발점은 서로의 삶을 이해하는 것이다.

우리가 지금까지 이 책을 통하여 살펴본 글쓰기 교육은 단순히 쓰기 기능을 익히는 교육을 의미하지 않는다. 모두가 자신의 삶을 살아가는 인격체로써, 자신의 마음을 자유롭게 표현할 수 있는 기회를 갖고, 그러한 역량을 기르기 위해 실시하는 차원의 교육을 의미한다. 즉, 글쓰기 교육이란 자신의 삶이 담긴, 나의 이야기를 써나가는 과정이다.

이렇게 교사와 학생은, 그리고 학생과 학생은 글을 통하여 서로의 삶을 나눌 수 있다. 한 사람이 자신이 살아오는 지난 수년간의 삶을 말로써, 상대에게 전달하는 것은 거의 불가능한 일이고, 말만으로써, 그 사람의 삶을 온전히 이해한다는 것 자체도 불가능한 일이다. 그러나 자신이 쓴 글 속에는 자신이 의도하지 않더라도, 자연스럽게 자신의 삶이 담긴다. 다만, 그것을 인지하지 못하고, 때로는 자신의 삶을 글 속에 어떻게 담아야 할지 모르는 경우는 그러한 정도에 다소 차이가 있을 수는 있다. 그래도 자신이 쓴 글에는 자신의 삶이 필연적으로 담긴다. 그렇기 때문에, 사람들은 서로의 글을 통하여, 내가 알지 못하는 그 사람의 삶까지 살펴볼 수 있다.

교사는 학생의 일기를 통하여, 그 학생이 요즘에는 어떤 생각을 갖고 살아가는지, 그 학생의 일상은 어떠한지, 때로는 그 학생이 요즘 겪고 있는 어려움은 없는지까지 알 수 있다. 그 학생의 생각도, 그 학생의 일상도, 그 학생이 요즘 겪고 있는 어려움까지 모두 그 학생의 삶이다. 그리고 교육 활동 속에서 이루어지는 여러 글쓰기 활동을 통하여, 그 학생이 교사에게 직접 말하지는 않았던, 그 학생의 이야기를 알 수 있다. 예를 들어, 계기교육 시간에 이루어진 글쓰기 교육을 통해서는 특정 주제에 대한 학생의 생각을 알 수 있고, 교육과정 속에서 이루어진 다양한 글쓰기 교육을 통하여, 그 학생이 요즘 무엇에 관심이 있는지, 그 학생의 가치관은 무엇인지까지 자연스럽게 읽어낼 수 있다. 이러한 것들이 모여, 학생의 삶에 대한 총체적 이해를 돕는다. 또한, 학생의 글에 대한 교사의 피드백들은 교사에 대한 학생의 이해를 도울 수 있다. 많은 학생들은 교사가 과연 자신들을 어떻게 생각하고 있는지 궁금해 한다. 자신의 일기장에 적힌, 교사의 한마디, 자신이 쓴 설명문에 담긴 교사의 피드백 한 줄은 교사에게는 사소한 한 줄이지만, 학생에게는 학생의 마음 속 깊이 남는 소중한 한 줄이 될 수 있는 것이다. 그리고 그러한 피드백에 다시 변화하는 학생들을 바라보며, 교사는 학생들의 가능성에 다시 한 번 놀라고, 자연스럽게 자신의 교육 방향, 교육 방법 등을 되돌아보며, 반성할 수 있는 시간을 갖게 된다. 이렇게 글쓰기 교육을 통해, 굳이 의도하지는 않았더라도, 서로의 성장을 자연스럽게 도모하게 된다.

이러한 관계는 비단 교사와 학생 사이에서만 일어나는 것이 아니다. 학생과 학생 사이에서도 얼마든지 일어난다. 어쩌면, 오히려 더 많이 일어날지도 모른다. 여러 연구를 통하여 이미 입증되었듯이, 사람들은 태생적으로 무엇인가를 궁금해 한다. 무엇인가를 궁금해 하는 마음을 '호기심'이라고 했을 때, 나이가 어릴수록 '호기심'은 풍부하다고 한다. 그렇다면, 교사보다는 학생들이 그 호기심이 더 풍부할 가능성이 높다. 특히, 무엇인가를 배우는 학생들은 세상 모든 것에 호기심을 갖는다. '하늘에서 비는 왜 내리는 것일까?', '땅에 씨를 뿌리면 식물은 어떻게 자라날 수 있는 것일까?'와 같은 지식에 대한 호기심은 그 지식, 그 교과에 대한 학생들의 애착도를 높인다. 즉, 교과에 대한 호기심이 높을수록, 학생들은 그 교과를 더 좋아하게 될 가능성이 높다. 그러한 호기심은 사람에게도 마찬가지로 적용될 수 있다. 학생들은 옆에 있는 친구가 궁금하다. 다만, 그들에게 직접적으로 물어볼만한 시간을, 그러한 기회를 갖지 못하는 경우가 다수이다. 학생들은 서로가 서로의 글을 나누어 읽는 과정에서, 서로에 대한 호기심을 채울 수 있는 기회를 가질 수 있다. 각자의 삶이 담긴 이야기를 나누어 읽는 과정 속에서, 주변 친구들의 삶을 공유하고, 그들의 삶을 이해할 수 있는 시간을 가질 수 있게 되는 것이다. '아, ○○이는 ◆◆에 대해 이렇게 생각하고 있었구나', 'ㅁㅁ이는 나와 생각이 같구나', '△△이에게 나의 도움이 필요하겠구나' 등 서로에 대한 이해는 서로와 서로를 이어주는 끈을 만들어주고, 이러한 끈들이 얽히고, 얽히게 되면서 그 집단은 공동체다운 공동체를 형성하게 되는 것이다.

사람은 누구나 자신의 삶을 살아간다. 중요한 것은 자신만 자신의 삶을 살아가는 것이 아니라, 타인도 그들 자신의 삶을 살아간다는 것을 이해하는 것이다. 글에는 삶이 담겨있고, 글쓰기 교육은 그들의 글 속에 삶이 온전히 담길 수 있도록 도와주는 역할을 해야 한다. 그럴 수 있을 때, 우리는 글쓰기 교육을 통하여, 자신의 삶에 대한 이해는 물론, 타인의 삶에 대한 이해를 도모함으로써, 진정한 공동체를 형성하는데 기여할 수 있을 것이다.